그림책
슬로리딩 놀이

그림책
슬로리딩 놀이

초판 1쇄 인쇄 _ 2023년 4월 25일
초판 1쇄 발행 _ 2023년 4월 30일

지은이 _ 강정아
펴낸이 _ 유경희
펴낸곳 _ 애플씨드북스
편 집 _ 디자인캠프
디자인 _ 디자인캠프
기획책임 _ 홍혜숙
기획팀 _ 하승아, 조재희

출판등록 _ 2017년 11월 14일 제 2017-000131호
주 소 _ 서울특별시 송파구 법원로 127 대명벨리온 408호
전 화 _ 070-4870-3000 **팩 스** _ 02-597-4795 **이메일** _ ryu4111@nate.com
인스타그램 _ @appleseed_books
ISBN _ 979-11-969215-6-9 (13370)

책값은 뒤표지에 있습니다.

> **애플씨드 북스 소개**
>
> 사과 속의 씨는 누구나 볼 수 있지만 씨 속의 사과는 아무나 볼 수 없습니다.
> 애플씨드북스는 미국 전역에 사과씨를 심으며 개척과 희망의 상징이 된 쟈니 애플씨드를 모티브로
> 탄생하였습니다. 책으로 세상에 선한 영향력을 심겠습니다.

책 한 권으로 제대로 놀면서 문해력·창의력을 키우는

그림책 슬로리딩 놀이

놀이 동영상 30권 QR코드 수록

강정아 지음

애플씨드북스

추천의 글

　새로운 교육과정이 나올 때마다 강조되는 것은 바로 '문해력'이고, 유·초등학교 국어 교육과정에서는 한 학기에 한 번, 1권의 책을 깊이 있게 읽는 '온 책 읽기' 단원이 구성되어 있습니다. 이에 따라 독서방식 중 한 권을 읽더라도 깊이 있게 독서하는 '슬로리딩'은 이러한 교육과정의 흐름과 결을 같이 한다고 할 수 있습니다. 슬로리딩은 아이의 관심사와 연결 지어 아이 스스로 생각할 거리를 찾고, 이야기 전개에 빠져들면서 책에 대한 흥미를 자연스럽게 가지게 합니다. 속독, 다독이 익숙한 우리에게 슬로리딩을 하는 첫 걸음을 내딛을 수 있게 하는 책이 나오니 반갑고 환영할 일입니다. 언뜻 보기에 슬로리딩이 정답 없는 독서활동이라 막막할 수도 있지만 이 책에 나오는 다양한 놀이, 활동을 직접 해보며 문해력과 창의적인 사고력을 키울 수 있을 것으로 생각합니다. 아이들에게 단순히 책 읽는 것은 중요하다고 말하기보다 아이가 자연스럽게 책 읽기의 중요성을 깨달을 수 있도록 책 한 권을 톺아보며 꾸준히 읽을 수 있도록 도와주세요.

이미순 대구대학교 영재교육 교수, 대구대학교 글로벌브릿지 영재교육원장

'10년 전으로 돌아가 다시 어린 자녀를 키운다면 무엇을 더 하고 싶을까?' 자신에게 질문을 해보면 놀이와 그림책이 떠오릅니다. '아이와 더 많이 놀아야지, 여러 그림책을 함께 더 자주 읽어야지, 아이들과 이야기도 더 많이 해야지.' 그런 생각이 듭니다. 《그림책 슬로리딩 놀이》는 이런 제 마음과 닿아 있습니다.

책 제목에도 있듯이 '그림책을 많이 읽으면 좋아'가 아니라 '슬로리딩으로 천천히 읽고, 생각하고, 상상하고, 그려보고, 만들어보고, 놀고 또 놀면서…' 천천히 성장하는 과정이 보입니다. '그림책을 읽는 것 말고 뭘 더 할 수 있을까?' 고민하지만 책의 내용을 보면 '어! 이것도 하면 되네. 아하! 이렇게도 가능하구나. 아이들이 이런 걸 좋아하는구나!' 작은 감탄사를 뒤로 하며 어렵지 않음도 알게 됩니다.

《그림책 슬로리딩 놀이》를 보시면 아이들과 할 수 있는 다양한 활동과 놀이를 만날 것입니다. 아이들과 함께 만들어가는 놀이와 배움을 통해 아이가 자란다면 그 아이는 뿌리가 튼튼한 나무로 자라 자기만의 삶과 앎을 잘 꾸려 나갈 수 있을 것입니다. 이 책이 그러한 뿌리를 만드는데 좋은 토양이 되기를 기대합니다.

장혜진 대구대학교 유아교육 교수

한 그루 나무의 큰 가지에서 작은 가지들이 뻗어 나가듯 한 권의 그림책으로 다양한 놀이를 응용할 수 있습니다. 생활 속에서 엄마와 함께 할 수 있는 놀이들은 자연스럽게 아이의 학습과도 연계되었습니다. 그림책 안에 놀이를 하는 과정에서 부모와 아이가 같이 소통하며 관계가 더욱 돈독해지고 사랑의 상호작용이 일어나는 선물 같은 시간이었습니다. 그냥 지나칠 수 있었던 사소한 것들이 특별하고도 새로운 놀이가 되기도 했습니다.

배가 항해의 폿대를 펼쳐 바다로 나아가듯 앞으로도 아이들이 책을 읽을 때 책을 통한 놀이의 중요성과 그 방향을 제시해주는 책이 될 것이라 기대합니다. 처음부터 끝까지 아이들을 이끌어 주시고 지도해주신 선생님께 깊이 감사드립니다.

황정혜 예원 · 예찬 엄마

《가을 아침에》 그림책 읽고 버스 타고 동네 돌 때가 제일 재밌었어요. 버스는 어릴 때 타보고 기억이 안 나서 다시 타보고 싶었는데 이제야 타 봐서 재밌었어요. 우리 동네 빙빙 돌고 뒷자리에 높이 앉아 있어서 설레고 신기했어요.

제일 힘들 때는 글씨 적고 생각하고 이야기 만들 때 생각이 잘 안 나서 힘들었어요. 내가 이야기 잘 만들었을 때는 뿌듯했어요. 그리고 학교에서 글쓰기 할 때 자신감이 생겼어요. 혼자서 모르는 낱말 나오면 찾아봤어요. 엄마한테도 모르는 낱말 자주 물어봤어요.

독서나무에 읽은 책 붙일 때는 다음에 읽고 싶은 책 생각했어요. 독서나무가 채워져서 뿌듯하고 다음 책도 기대가 계속 되었어요.

책 한 권 읽고 나서 여러 가지 놀이가 다양해서 즐거웠어요. 내가 책 속 주인공이 한 일을 직접 모두 해 볼 수 있어서 정말 즐거웠어요. 이제 책 읽고 내가 놀이를 직접 만들 수 있을 것 같아요.

손예원 하주초등학교 학생

《이것은 팬티책》그림책 읽고 외계인 흉내 내기 놀이가 제일 재밌었어요. 외계인처럼 아무 말이나 하고 누나랑 로켓도 만들었어요.

비오는 날 놀이터에서 미끄럼틀 타고 다른 친구들이랑 '무궁화 꽃이 피었습니다' 놀이도 재밌었어요. 토마토한테 물도 주고 노래도 불러주고 했는데 토마토가 많이 열리지 않았어요. 다음에 다시 토마토 키우고 싶어요.

책이 더 좋아졌어요. 재미있는 책을 더 많이 읽고 싶어요. 다음에도 계속 놀이 많이 하고 싶어요.

손예찬 하양유치원 원아

저자의 말

《그림책 슬로리딩 놀이》는 책 한 권으로 제대로 노는 방법을 전수해드리고자 시작한 책입니다. 초등학교 입학을 앞둔 만 6세 딸과 만 4세 아들, 남매를 둔 예원·예찬이 엄마와 1년을 계획하고 그림책 슬로리딩 놀이를 시작하였습니다.

2월에 예원이가 초등학교를 입학하기 전 《늑대 학교》 그림책을 읽으며, 학교에 대한 생각 나누기와 학교 놀이로 입학을 즐겁게 준비하였습니다. 봄·여름·가을·겨울 계절과 자연을 느끼는 그림책, 세상·관계·언어·수학·과학·놀이·예술·음식을 주제로 한 그림책을 천천히 반복해서 읽으며 책 속 주인공 따라 하기 놀이를 이어갔습니다.

1년이 지난 1월에 《초코가루를 사러 가는 길에》 그림책을 마지막으로 읽고 초코차를 마시며 1년의 놀이를 함께 돌아보았습니다. "1년의 시간이 참 빨리 지나갔다는 생각도 들고, 기회를 주셔서 함께 할 수 있었다는 것에 진심으로 감사합니다. 앞으로도 이런 식으로 아이들과 놀아주겠습니다." 마지막 소감을 이야기하는 예원·예찬이 엄마의 말씀에 저도 살짝 눈시울이 붉어졌습니다.

놀이뿐만 아니라 학령기에 꼭 길러야 할 문해력 활동도 추가하였습니다.

- 그림책은 글자를 모르는 아이도 그림으로 상상할 수 있는 멋진 매체입니다. 아이와 표지를 보고 질문하며 내용을 마음껏 상상해보는 시간을 꼭 가져보세요. 제가 드린 질문 외에 부모님과 아이들이 그림과 제목을 보며 직접 질문을 만들고 이야기를 먼저 상상해보세요.
- 책을 읽으며 모르는 낱말이 나오면 먼저 글의 흐름상 어떤 뜻인지 예측해보고, 책을 읽고 나서 사전을 찾아 뜻을 확인하고, 그 낱말을 넣어 문장 만들기 활동도 해보세요.
- 책 속 등장인물을 그려보고 특징을 말해보세요. 독서 나무에 슬로리딩으로 읽은 책들을 하나씩 모아보세요. 책이 하나씩 늘 때마다 뿌듯함도 늘어난답니다.
- 책에 나온 소재로 공통점과 차이점 찾기 활동을 해보세요. 다양한 기준을 세우고 비교하며 생각하는 힘이 자랍니다.
- 책의 제목을 조금 바꿔 육하원칙에 맞게 뼈대를 만들고 새로운 이야기 만들기 활동을 해보세요. 아이의 상상력이 자라고 어린이 작가가 되는 시간입니다.

놀이의 생생함을 그대로 전달해드리고자 QR 코드를 삽입하였습니다. 놀이 영상을 아이들과 함께 본다면 '우리도 이렇게 신나게 놀아볼까'하는 마음이 절로 들 것입니다. 그림책을 보며 아이들과 함께 놀이를 만들어보세요. 아이는 놀이 전문가입니다. 아이들이 하고자 하는 놀이에 부모님이 함께 시간을 내어 동참해주세요. 어느 사교육보다 아이들의 상상력과 창의력을 키워줄 것입니다.

책에서 놀이를 발견한 아이들은 책에서 다른 소중한 것들은 물론 일에서의 창조성과 혁신적인 아이디어를 얻어낼 것입니다. 세상을 바꾼 혁신가들은 어린 시절 책으로 상상하기에 달인들이었죠. 또한, 책과 놀이를 통해 마음을 나누고 생각을 나눈 아이는 내면이 건강하고 따뜻하게 성장할 것입니다. 부모님들의 가장 큰 바람 중 하나는 아이가 책을 좋아하는 것이죠. 가장 좋은 놀이 선생님과 놀이 친구는 바로 부모님입니다. 이 책이 부모님과 아이 모두에게 책이 주는 최고의 즐거움을 제대로 맛보는 과정에 도움이 되길 소망합니다.

토닥샘 강정아

그림책 슬로리딩 놀이 활용법

그림책 소개
그림책의 특징과 줄거리를 소개함

이야기 상상하기
표지 그림과 제목을 보며 질문을 던지고 상상하기

어휘력 키우기
모르는 낱말을 사전에서 찾고 적용 문장 만들기

3. 캐릭터 그리기
- 책 제목, 작가, 출판사 적기
- 주인공을 그리고 이름과 특징 적기
- 독서나무에 붙이기

캐릭터 그리기
책 제목, 작가, 출판사를 적고 인물을 그려 독서나무에 모음

4. '겨울' VS '봄' 공통점과 차이점 벤다이어그램

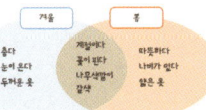

공통점과 차이점
책 내용과 관련된 두 단어의 공통점과 차이점 찾기

5. 6하 원칙에 맞게 이야기 바꿔 쓰기 놀이터
- 언제일까? 가을
- 어디에 있을까? 깊은 바다
- 누가 나올까? 언어
- 무엇을 할까? 놀이
- 어떻게 될까? 놀이를 만들었다
- 왜 그렇게 될까? 바다 친구들과 더 재밌게 놀려고

바다 놀이터

이야기 바꿔쓰기
6하 원칙에 따라 질문하고 새로운 이야기 만들기

슬로리딩 놀이

놀이❶ 상상 놀이터 그리기
어떤 놀이터가 있으면 좋을지 아이와 이야기 나눠 보세요.
- 각자 상상한 놀이터를 머릿속으로 그려보고 놀이터 특징 말하기
- 그 놀이터는 누가 가면 좋을지 이야기 나누기
- 각자 상상한 것과 이야기 나눈 것 그림으로 그리기

놀이❷ 봄 숲 놀이터에서 놀아보자
그림책에서 동물들이 했던 놀이들을 아이와 함께 숲에서 해보세요.

공기놀이   막대기 집짓기

나뭇잎 꾸미기   소꿉놀이

놀이❸ 소나무 숲에서 놀아요
소나무가 많은 숲으로 가족 소풍을 계획해보세요.
- 집 가까운 곳에 있는 소나무 숲으로 가기
- 소나무 숲에서 술래잡기, 숨바꼭질 놀이하기
- 솔방울을 활용한 만들기, 솔방울 구멍에 던지기 놀이하기

슬로리딩 놀이
그림책을 반복해서 읽고 책 속 주인공이 되어 놀기

차례

추천의 글　　5
저자의 말　　9
그림책 슬로리딩 놀이 활용법　　12

chapter 1 계절

01　봄 숲 놀이터에서 놀아볼까? | 봄 숲 놀이터　　20
02　여름비 맞으며 놀아볼까? | 이렇게 멋진 날　　29
03　가을 아침에 걸어볼까? | 가을 아침에　　38
04　겨울에 신나게 놀아볼까?
　　| 10층 큰 나무 아파트에 겨울이 왔어요　　47

chapter 2 자연

- **01** 양말을 심어볼까? | 양말 들판　**58**
- **02** 방울토마토 키워볼까? | 조금씩 방울토마토　**67**
- **03** 숲에서 놀아볼까? | 숲이 될 수 있을까?　**76**

chapter 3 세상

- **01** 학교에서 놀아볼까? | 늑대 학교　**88**
- **02** 동네를 돌아볼까? | 우리 동네　**97**
- **03** 세계로 떠나볼까? | 바람을 만났어요　**106**

chapter 4 관계와 감정

- **01** 보살핌이 필요할 때는?
  | 아모스 할아버지가 아픈 날　**118**
- **02** 친구가 필요할 때는? | 내 친구 조약돌　**127**
- **03** 쉼터가 필요할 때는? | 제라드의 우주쉼터　**136**

chapter 5 언어

01 너도 인쇄하고 싶니? | 걱정마, 오리 인쇄소　**148**

02 너도 호기심이 많니?
　　 | 호기심 많은 청개구리 펠릭스　**157**

03 너도 책 읽는 고양이 봤니? | 도서관 고양이　**166**

chapter 6 수학과 과학

01 뭐에 빠져볼까? | 수학에 빠진 아이　**178**

02 시계로 놀아볼까? | 시계 임금님　**187**

03 에너지 충전 해볼까? | 에너지 충전　**196**

04 코딩으로 놀아볼까? | 코딩으로 모래성 만들기　**205**

chapter 7 놀이

01 누구랑 놀아볼까? | 나랑 같이 놀자　**216**

02 뭘 거꾸로 해볼까?
　　 | 거꾸로 하는 소녀 엘라 메이　**225**

03 무슨 책을 만들까? | 이것은 팬티책!　**234**

chapter 2 자연

- **01** 양말을 심어볼까? | 양말 들판   58
- **02** 방울토마토 키워볼까? | 조금씩 방울토마토   67
- **03** 숲에서 놀아볼까? | 숲이 될 수 있을까?   76

chapter 3 세상

- **01** 학교에서 놀아볼까? | 늑대 학교   88
- **02** 동네를 돌아볼까? | 우리 동네   97
- **03** 세계로 떠나볼까? | 바람을 만났어요   106

chapter 4 관계와 감정

- **01** 보살핌이 필요할 때는?
  | 아모스 할아버지가 아픈 날   118
- **02** 친구가 필요할 때는? | 내 친구 조약돌   127
- **03** 쉼터가 필요할 때는? | 제라드의 우주쉼터   136

chapter 5 언어

01 너도 인쇄하고 싶니? | 걱정마, 오리 인쇄소 **148**
02 너도 호기심이 많니?
　　　| 호기심 많은 청개구리 펠릭스 **157**
03 너도 책 읽는 고양이 봤니? | 도서관 고양이 **166**

chapter 6 수학과 과학

01 뭐에 빠져볼까? | 수학에 빠진 아이 **178**
02 시계로 놀아볼까? | 시계 임금님 **187**
03 에너지 충전 해볼까? | 에너지 충전 **196**
04 코딩으로 놀아볼까? | 코딩으로 모래성 만들기 **205**

chapter 7 놀이

01 누구랑 놀아볼까? | 나랑 같이 놀자 **216**
02 뭘 거꾸로 해볼까?
　　　| 거꾸로 하는 소녀 엘라 메이 **225**
03 무슨 책을 만들까? | 이것은 팬티책! **234**

chapter 8 예술

- **01** 넌 낙서가 좋아? | 키스해링의 낙서장 **246**
- **02** 넌 언제 가장 멋져? | 나보다 멋진 새 있어? **255**
- **03** 넌 어떤 음악이 좋아?
  | 10층 큰 나무 아파트에 음악회가 열려요 **264**
- **04** 너도 춤춰볼까? | 어떤 하루 **273**

chapter 9 음식

- **01** 달 케이크 먹어볼까? | 달케이크 **284**
- **02** 우리도 요리 해볼까? | 들어와 들어와 **293**
- **03** 초코가루 사러 갈까?
  | 초코가루를 사러 가는 길에 **302**

부록　활동지 양식　**311**

chapter 1

계절

계절 01 봄 숲 놀이터에서 놀아볼까?
《봄 숲 놀이터》

 그림책 소개 (이영득 글, 한병호 그림, 2017, 보림)

《봄 숲 놀이터》ⓒ이영득, 보림

숲에서 강이는 강아지 구슬이를 따라 가며 예쁜 꽃구경을 합니다. 강이는 숲에서 놀고 있는 동물 친구들을 만나고, 각자 밥·꽃·버섯·나물을 가져와 꽃밥을 만들어 먹습니다. 향긋한 꽃밥으로 배를 채우고 다 같이 산벚나무 길을 지나 숲 속 그네를 타러 갑니다. 숲은 멋진 놀이터입니다!

 문해력이 자라는 시간

1. 표지 보며 이야기 상상하기

그림(제목 숨기고)

무엇이 보이니? 여기는 어디일까?

아이와 동물들이 숨은 초록색은 무엇일까?

동물들은 왜 나무 뒤에 숨어있을까?

완전히 숨지 않고 얼굴은 왜 내밀고 있을까?

아이와 동물들 기분은 어때 보이니?

아이와 동물들이 웃고 있는 이유는 뭘까?

아이와 동물들은 어떻게 만났을까? 앞으로 여기서 무슨 일이 있을까?

제목

다른 계절과 비교했을 때 봄은 어떤 특징이 있을까?

숲은 어떤 곳일까? 놀이터는 어떤 곳일까?

봄 숲 놀이터는 어떤 곳일까? 봄 숲 놀이터에서 어떤 놀이들을 할까?

어떤 놀이가 가장 재미있을까?

내가 놀이터를 만든다면 어떤 놀이터를 만들고 싶니?

내가 만든 놀이터에는 누가 오면 좋을까?

나무와 동물들이 많은 이곳은 숲이에요. 동물들은 지금 꼭꼭 숨어라 놀이를 하고 있어요. 숨어서 얼굴을 내밀고 있는 이유는 더 놀고 싶은데 아빠가 데리러 올까봐 숨어서 아빠를 놀라게 하려는 거예요. 모두 웃고 있는 이유는 잠시 후에 집에서 파티를 할 생각에 기분이 좋기 때문이에요. 아이가 놀고 있는데 동물들이 차례로 와서 같이 놀았어요.

> 제목 보면서 상상하기

봄 숲이 뭐냐면 봄은 꽃이 많이 피고, 숲은 나무가 많으니까 꽃이 피는 나무가 많은 곳이에요.

봄의 특징은 꽃이 피고, 따뜻해지고, 나뭇잎 색이 바뀌고, 식물이 잘 자라는 거예요. 봄 숲 놀이터는 꽃이 많이 피고 나무가 많은 놀이터예요. 봄 숲 놀이터에서 할 수 있는 놀이는 도토리 찾기, 나무 찾기, 나뭇가지로 그림 그리기, 나뭇잎으로 간지럽히기, 나무 안아 주기예요.

내가 만들고 싶은 놀이터는 바다 놀이터예요. 바다 놀이터에는 조개로 무엇이든 만들기, 잠수하기 놀이가 있는데 상어, 해마, 문어, 꽃게가 함께 놀면 좋겠어요.

2. 어휘력 쑥쑥

모르는 낱말 2~3개 찾기 - 사전 찾기 - 낱말 수첩에 적고 문장 만들기

예원이의 낱말 수첩

❶ 빤히 : 바라보는 태도가 거리낌이 없다.

   문장 : 물고기를 빤히 봤어.

❷ 여우비 : 맑은 날 잠깐 오다가 그치는 비

   문장 : 여우비가 내려서 꽃이 피었다.

3. 캐릭터 그리기

- 책 제목, 작가, 출판사 적기
- 주인공을 그리고 이름과 특징 적기
- 독서나무에 붙이기

4. '겨울' VS '봄' 공통점과 차이점 벤다이어그램

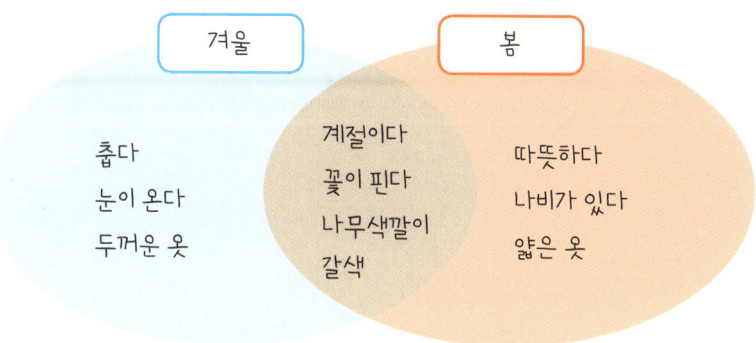

5. 6하 원칙에 맞게 이야기 바꿔 쓰기(** 놀이터)

- 언제일까? 가을
- 어디에 있을까? 깊은 바다
- 누가 나올까? 인어
- 무엇을 할까? 놀이
- 어떻게 될까? 놀이를 만들었다
- 왜 그렇게 될까?
  바다 친구들과 더 재밌게 놀려고

바다 놀이터

깊은 바다에 사는 인어공주는 가을에 친구들과 더 재미있게 놀고 싶었다. 그래서 고래, 상어, 해마, 문어, 꽃게 와 놀이터를 만들었다. 놀이터에서 바위 시소, 해초 매달리기, 조개 난타를 했다.

봄숲놀이터
① 빤히: 바라보는태도 가거리낌이 없다.
물고기를 빤히봤어

② 여우비: 맑은 날 잠깐오다가 그치는비.
여우비가 내려서 꽃이 피었다

4. '겨울' VS '봄' 공통점과 차이점 벤다이어그램

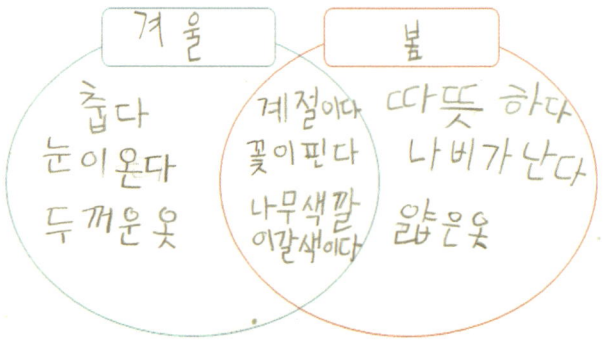

겨울: 춥다, 눈이온다, 두꺼운옷
공통: 계절이다, 꽃이핀다, 나무색깔이갈색이다
봄: 따뜻하다, 나비가난다, 얇은옷

5. 6하 원칙에 맞게 이야기 바꿔 쓰기 (바다 놀이터)

- 언제일까? 가을
- 어디에 있을까? 깊은바다
- 누가 나올까? 인어
- 무엇을 할까? 놀이
- 어떻게 될까? 놀이를 만들었다
- 왜 그렇게 될까? 바다친구들과 더 재밌게놀려고

이야기 연결해서 쓰기

깊은 바다에 사는 인어공주는 가을에 친구들과 더 재미있게 놀고싶었다. 그래서 고래, 상어, 해마, 문어, 꽃게와 놀이터를 만들었다. 놀이터에서 바위시소, 해초매달리기, 조개난타를했다.

 **슬로리딩 놀이**

놀이❶ 상상 놀이터 그리기

어떤 놀이터가 있으면 좋을지 아이와 이야기 나눠보세요.
- 각자 상상한 놀이터를 머릿속으로 그려보고 놀이터 특징 말하기
- 그 놀이터는 누가 가면 좋을지 이야기 나누기
- 각자 상상한 것과 이야기 나눈 것 그림으로 그리기

놀이❷ 봄 숲 놀이터에서 놀아보자

그림책에서 동물들이 했던 놀이들을 아이와 함께 숲에서 해보세요.

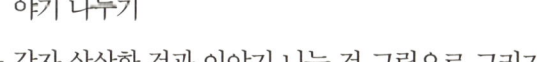

공기놀이

막대기 집짓기

나뭇잎 꾸미기

소꿉놀이

놀이❸ 소나무 굴에서 놀아요

소나무가 많은 숲으로 가족 소풍을 계획해보세요.
- 집 가까운 곳에 있는 소나무 숲으로 가기
- 소나무 숲에서 술래잡기, 숨바꼭질 놀이하기
- 솔방울을 활용한 만들기, 솔방울 구멍에 던지기 놀이하기

놀이❹ 꽃과 새싹으로 음식 만들기

강이와 동물 친구들이 먹은 꽃밥을 만들어보세요.
- 밥 위에 꽃받침을 뗀 식용꽃과 어린잎 채소를 올려서 먹기
- 꽃 밥 대신 나물밥 혹은 진달래 화전, 새싹 샌드위치 만들기
- 음식을 먹으면서 어떤 맛이 나고 어떤 생각이 드는지 이야기 나누기

놀이⑤ 봄바람 느끼며 흔들흔들 그네 타기

아파트 놀이터, 동네 공원으로 아이와 그네 타러 나가보세요.
- 흔들흔들 그네에 몸을 맡기고 높이 올라가기
- 불어오는 따뜻한 봄바람 느끼기
- 어떤 느낌이 드는지 이야기 나누기

놀이⑥ 책 속 꽃과 나무를 찾아 떠나요

집 주변과 공원에서 책 속에 나온 꽃과 나무들을 직접 보고 즐겨보세요.
- 책 안쪽 QR코드를 스캔하여 책에 나온 식물들의 사진과 정보 보기
- 책의 그림과 실제 식물 사진 비교하기
- 책을 갖고 공원이나 숲에서 책에서 본 꽃과 나무 찾기

놀이 ❼ 나무야 사랑해

봄에 비가 온 다음 날 나무 안에서 물이 올라가는 소리를 듣고 나의 나무를 찾아 안아주세요.

청진기로 나무 소리 듣기

나를 닮은 나무 찾기

나무 꼭 안아주기

놀이 동영상

계절 02

여름비 맞으며 놀아볼까?
《이렇게 멋진 날》

 그림책 소개 (리처드 잭슨 글, 이수지 그림, 2017, 비룡소)

《이렇게 멋진 날》
ⓒ리처드 잭슨, 비룡소

어두운 창밖을 보며 지루해하던 아이들은 '이렇게 멋진 날이면'을 외치며 음악에 맞춰 빙그르르 자유롭게 춤을 추다가 밖으로 나갑니다. 물웅덩이에서 첨벙첨벙 뛰며 노래 부르고, 친구를 불러 숨바꼭질 놀이도 합니다. 비가 그쳐 간식을 먹으며 '오늘은 정말 멋져!'를 외칩니다. 우리도 이렇게 멋진 날 신나게 놀아볼까요!

 문해력이 자라는 시간

1. 표지 보며 이야기 상상하기

그림(제목 숨기고)
무엇이 보이니? 아이는 무엇을 하고 있니? 어느 계절일까?
무엇을 보고 그렇게 생각했니?

검은 하늘과 구름을 보니 어떤 생각이 드니?
아이는 비가 많이 오는 날 왜 밖으로 나왔을까?
아이는 어디로 가고 있을까? 아이 표정은 어때?
아이는 지금 무슨 생각을 하고 있을까?
비가 이렇게 많이 오는 날 밖에서 걸어본 적 있니?
너는 비가 오는 날 기분이 어때?

제목

멋지다는 게 뭘까? 무엇이 멋지다고 생각하니?
'이렇게' 자리에 좀 더 자세한 말을 넣는다면?
비가 많이 오는데 왜 멋지다고 할까?
이렇게 멋진 날 아이에게 무슨 일이 일어날까?
내가 최근에 경험한 가장 멋진 날은 언제일까?

우산, 사람, 강아지가 보이는데, 아이가 우산을 쓰고 어디로 가고 있어요. 짧은 옷을 입었으니까 여름이에요. 하늘이 검은색이라서 조금 싫어요. 비가 많이 와도 강아지 산책은 꼭 해줘야 하니까 밖으로 나왔어요. 비가 와서 꽃이 쑥쑥 자라니까 아이가 기뻐해요. 나는 비가 오는 날 걸으면 축축해서 싫었어요.

> 제목 보면서 상상하기

멋지다는 건 따봉! 최고! 엄마는 요리할 때, 아빠는 컴퓨터 할 때 멋지다고 생각해요. 비가 오는 것이 이렇게 멋지다. 타닥타닥 비 소리가 멋지다. 첨벙첨벙하는 게 멋지다. 구름을 타고 하늘로 날 것 같아요. 우산이 하늘로 날아가 버려요. 점프해서 우산을 찾아요.
나는 집에서 마카롱 만들기를 잘해서 멋진 날이었어요. 놀이공원 간 날이 멋졌어요.

2. 어휘력 쑥쑥

모르는 낱말 2~3개 찾기 - 사전 찾기 - 낱말 수첩에 적고 문장 만들기

예원이의 낱말 수첩

❶ 구르다 : 바닥이 울리도록 발을 들었다가 힘주어 내리밟다.

  문장 : 달리기를 이겨서 발을 구르며 좋아했다.

❷ 한 숨 : 잠깐 동안의 휴식이나 잠

  문장 : 놀고 나서 예찬이가 한 숨 잤다.

3. 캐릭터 그리기

- 책 제목, 작가, 출판사 적기
- 주인공을 그리고 이름과 특징 적기
- 독서나무에 붙이기

4. '비' VS '눈' 공통점과 차이점 벤다이어그램

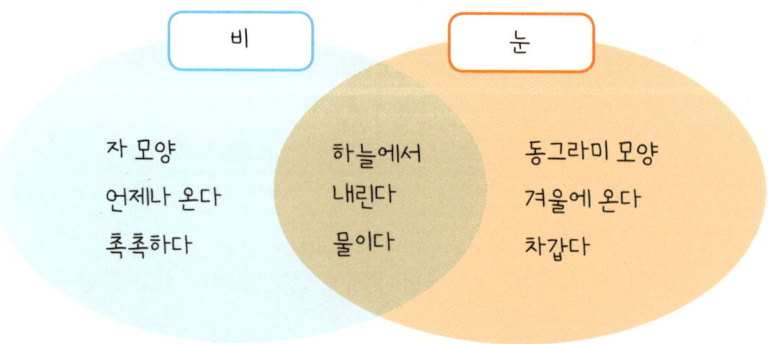

비
- 자 모양
- 언제나 온다
- 촉촉하다

하늘에서 내린다 물이다

눈
- 동그라미 모양
- 겨울에 온다
- 차갑다

5. 6하 원칙에 맞게 이야기 바꿔 쓰기 (이렇게 **한 날)

- 언제일까? 비오는 날
- 어디에 있을까? 아파트
- 누가 나올까? 강아지
- 무엇을 할까? 밥을 못 먹는다
- 어떻게 될까?
  주인이 강아지 말을 듣는다
- 왜 그렇게 될까?
  강아지 모양 아이스크림을 먹어서

이렇게 싫은 날

비오는 날 신호아파트에 사는 강아지는 밥을 못 먹는다. 주인이 강아지 모양 아이스크림을 먹고 강아지 말을 듣는다. 그래서 주인이 강아지에게 사료를 주었다.

이렇게 멋진 날
① 구르다 : 바닥이 울리도록 발을 들었다가 힘주어 내리밟다.
달리기를 이겨서 발을 구르며 좋아했다.

② 한숨 : 잠깐동안의 휴식이 나 잠 놀고 나서 예찬이가 한숨 잤다.

4. '비' VS '눈' 공통점과 차이점 벤다이어그램

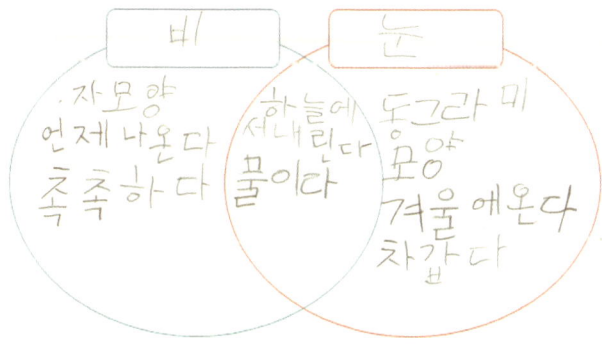

5. 6하 원칙에 맞게 이야기 바꿔 쓰기 (이렇게 싫은 날)

- 언제일까? 비오는 날
- 어디에 있을까? 아파트
- 누가 나올까? 강아지
- 무엇을 할까? 밥을 못 먹는다
- 어떻게 될까? 주인이 강아지 말을 듣는다
- 왜 그렇게 될까? 강아지모양아이스크림을 먹어서

이야기 연결해서 쓰기
비오는날 신호아파트에 사는강아지는 밥을 못먹는다. 주인이 강아지모양아이스크림을 먹고 강아지 말을 듣는다. 그래서 주인이 강아지에게 사료를 주었다.

계절 33

🧒 슬로리딩 놀이

놀이❶ 나는 우산 무용수

주인공들이 음악에 맞춰 춤을 추는 장면을 보고 우산, 스카프를 흔들며 아이들과 함께 신나게 춤을 추세요.
- 비 오는 날 어울리는 음악 찾아서 틀기
- 음악을 들으며 떠오르는 것 상상하기
- 우산 혹은 스카프를 흔들며 춤추기(옆 사람과 거리를 유지하여 다치지 않도록 주의하기)

놀이❷ 비가 오는 날의 화가

하늘을 날고 있는 알록달록 다양한 우산이 나오는 장면을 보고 비오는 날 사용하는 물건을 꾸미고 밖으로 나가보세요.
- 투명 우산, 투명 비옷, 장화 준비하기
- 유성매직 등 물에 지워지지 않는 색칠도구로 그리기
- 꾸민 물건을 비 오는 날 사용하고 느낌 나누기

놀이❸ 장화 신고 첨벙첨벙

주인공들이 이렇게 멋진 날을 외치며 밖으로 나간 장면을 보고 비 오는 날 우산을 챙기고 장화를 신고 밖으로 나가보세요.
- 가만히 서서 비 소리 듣기
- 손에 떨어지는 빗방울 느끼기
- 큰 걸음으로 빗속 행진하고 물웅덩이에서 첨벙첨벙 뛰며 놀기

놀이❹ 비 오는 날 친구와 놀기

주인공들이 친구를 불러 함께 노는 장면을 보고 비 오는 날 친구와 놀이터에서 만나 신나게 놀아보세요.
- 비옷 입고 놀이터에서 놀이 기구 즐기기
- 숨을 공간이 있는 장소에서 숨바꼭질 놀이하기
- 무궁화 꽃이 피었습니다, 술래잡기 놀이하기

놀이⑤ 시원한 아이스크림 한 입

엄마와 아이가 만나 아이스크림을 먹는 장면을 보고 마트나 편의점으로 나가 달콤 시원한 아이스크림을 즐겨보세요.

- 야외 테이블이 있는 장소이면 더 좋음
- 입 안에서 사르르 녹는 아이스크림 즐기기
- 아이스크림 나라로 가는 상상해보기

놀이⑥ 우산 아지트 만들기

우산 아래에서 남자 아이가 아이스크림을 먹는 장면을 보고 우산과 장난감, 소품을 활용하여 아지트를 만들고 놀아보세요.

- 넓은 공간에 우산 펼치기
- 우산 아래에 장난감 등을 가져와 꾸미기
- 아지트 안과 밖을 오가며 역할극 놀이하기

놀이❼ 둥둥 종이배 띄우기

비오는 날 직접 만든 종이배를 물에 띄우며 놀아보세요.
- 색종이, 두꺼운 종이로 종이배 접기
- 욕실에서 대야나 욕조에 물을 담아 띄우기
- 집 앞 하천이나 물웅덩이에 종이배 띄우기

놀이 동영상

계절 03

가을 아침에 걸어볼까?
《가을 아침에》

 그림책 소개(김지현 지음, 2020, 위즈덤하우스)

《가을 아침에》ⓒ김지현, 위즈덤하우스

아침에 일어난 은이는 가을 바람을 느끼며 창밖 풍경을 바라봅니다. 은이는 새벽 운동을 다녀오신 할아버지께 인사하고 엄마 손을 잡고 걸어가며 가을 하늘을 올려다봅니다. 버스 정류장에서 엄마와 헤어진 은이는 친구를 만나 학교로 향하고 교실 창문으로 다시 가을 하늘을 바라봅니다. 우리도 손을 잡고 높고 파란 가을 하늘을 보며 걸어 볼까요!

 문해력이 자라는 시간

1. 표지 보며 이야기 상상하기

그림(제목 숨기고)
무엇이 보이니? 하루 중 언제일까? 어느 계절일까? 왜 그렇게 생각했니?

여기는 어디일까? 담장 안쪽은 어떤 곳일까?

담장을 왜 수평으로 그리지 않고 비스듬히 그렸을까?

구름에서 어떤 모양을 찾을 수 있니? 검은 줄 3개는 무엇일까?

파란 하늘과 잠자리를 보니 어떤 느낌이 드니?

이 하늘에 더 그려넣을 수 있다면 무엇을 넣고 싶니?

제목

가을이 온 것을 우리는 어떻게 알 수 있을까?

'가을 아침'이 아닌 '가을 아침에'라고 한 이유가 있을까?

'가을 아침에' 뒤에 어울리는 글이 있을까?

누구의 가을 아침 이야기가 나올까?

가을 아침에 무엇을 할까?

나는 가을의 아침, 점심, 저녁 중에 언제가 가장 좋을까?

그림 보면서 상상하기

잠자리, 구름, 나무, 벽돌, 전선이 보여요. 밝으니까 아침이고, 하늘이 맑으니까 그리고 나뭇잎 색깔이 바뀌니까 가을이에요. 여기는 공원, 놀이터의 담장이에요. 담장 안쪽에는 아이들이 그네, 시소 타면서 놀고 있어요. 하늘을 좋아해서 하늘을 더 보이게 하려고, 멋있게 보이려고 비스듬히 담장을 그렸어요. 구름에서 코뿔소, 포켓몬, 강아지, 기린, 코끼리, 캥거루, 고래 찾았어요. 검은 줄은 전기가

통하는 줄이에요. 꽃이 피는 봄에 나비가 날아가는 느낌이 들어요. 해, 비행기를 그려넣고 싶어요.

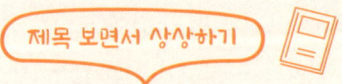

여름에 덥다가 가을에는 날씨가 쌀쌀해지고, 나뭇잎 색깔이 바뀌고, 옷이 길어져요. '가을 아침에'라고 한 이유는 뭘 하는지 궁금하게 하려고 '에'를 넣었어요. 가을 아침에 짐을 싸서 이사를 갔다. 가을 아침에 화분에 물을 주었다. 길고양이가 먹이를 찾아서 길을 걷는 이야기, 아저씨가 강아지 산책을 시키는 이야기예요. 가을 아침 날씨가 좋아서 소풍가기 좋아요. 가을 밤에는 시원하게 잘 수 있어요.

2. 어휘력 쑥쑥

모르는 낱말 2~3개 찾기 - 사전 찾기 - 낱말 수첩에 적고 문장 만들기

예원이의 낱말 수첩

① 쌀쌀하다 : 날씨가 싸늘하게 느껴질 정도로 차다.

　　문장 : 날씨가 쌀쌀해서 운동을 못했다.

② 이따 : 조금 뒤에

　　문장 : 재미있는 영상을 이따 볼 꺼다.

3. 캐릭터 그리기

- 책 제목, 작가, 출판사 적기
- 주인공을 그리고 이름과 특징 적기
- 독서나무에 붙이기

4. '아침' VS '저녁' 공통점과 차이점 벤다이어그램

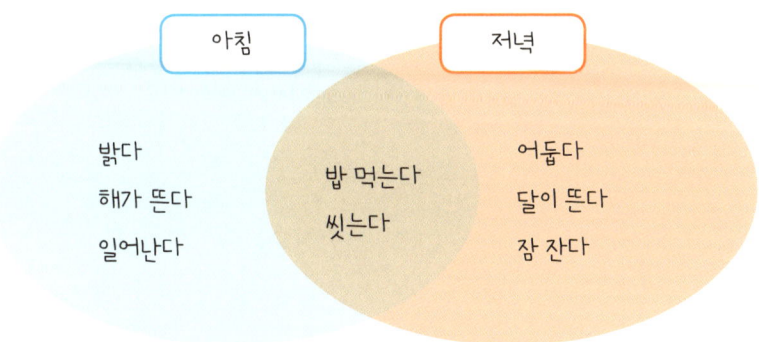

5. 6하 원칙에 맞게 이야기 바꿔 쓰기 (가을 **에)

- 언제일까? 가을 저녁에
- 어디에 있을까? 집
- 누가 나올까? 은이
- 무엇을 할까? 편지 쓰기
- 어떻게 될까? 친구와 화해
- 왜 그렇게 될까?
  낮에 친구와 싸웠다

가을 저녁에

은이는 낮에 친구와 싸웠다. 가을 저녁에 은이는 속상했다. 그래서 은이는 집에서 친구와 화해하고 싶어서 사과 편지를 쓴다.

가을아침에
① 쌀쌀하다: 날씨가 싸늘히 느껴질 정도로 차다.
날씨가 쌀쌀해서 운동을 못했다
② 이따: 조금뒤에
재미있는 영상을 이따 볼꺼다.

4. '아침' VS '저녁' 공통점과 차이점 벤다이어그램

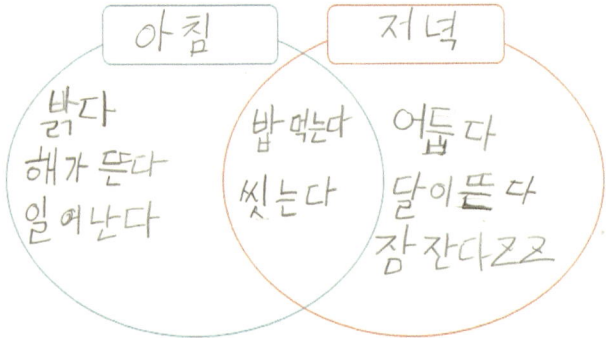

아침: 밝다, 해가 뜬다, 일어난다
공통: 밥먹는다, 씻는다
저녁: 어둡다, 달이 뜬다, 잠잔다 ZZ

5. 6하 원칙에 맞게 이야기 바꿔 쓰기 (가을 저녁 에)

- 언제일까? 가을 저녁
- 어디에 있을까? 집
- 누가 나올까? 은이
- 무엇을 할까? 편지쓰기 친구와 화
- 어떻게 될까? 친구와 화해
- 왜 그렇게 될까? 낮에 친구와 싸웠다

이야기 연결해서 쓰기
은이는 낮에 친구와 싸웠다. 가을 저녁에 은이는 속상했다. 그래서 은이는 집에서 친구와 화해하고 싶어서 사과편지를 쓴다.

42 그림책 슬로리딩 놀이

👫 슬로리딩 놀이

놀이❶ 창밖 풍경 구경

은이가 아침에 일어나 창밖을 보는 장면을 보고 아침에 일어나 바깥 풍경과 지나가는 사람들을 관찰해보세요.

- 우리 집 창문 중에 밖이 잘 보이는 창문 앞으로 가기
- 창밖으로 보이는 계절의 변화를 찾기
- 바깥 풍경과 지나가는 사람들을 보며 이야기 나누기

놀이❷ 가을 아침에 운동 나가기

은이 할아버지가 아침 운동을 하고 오시는 장면을 보고 가을 아침 선선한 공기를 마시며 운동해보세요.

- 은이 할아버지는 어떤 운동을 하고 오셨을까 상상하기
- 가을 아침에 적절한 운동복을 입고 밖으로 나가기
- 공원 운동 기구를 이용하거나 걷기, 달리기

놀이❸ 아침 식사 준비하기

은이네 식구가 아침 식사하는 장면을 보고 아침 식사를 엄마와 아이가 함께 준비하여 먹어보세요.
- 전날 밤에 미리 아침 식사 계획하기
- 아이와 함께 아침 식사 준비하기
- 아침 식사를 먹으며 하루에 대한 기대 이야기 나누기

놀이❹ 가을꽃 구경

은이네 동네에서 꽃이 나오는 장면을 보고 가을꽃이 예쁘게 핀 곳으로 꽃 나들이 나가보세요.
- 집 주변이나 근교에 가을꽃이 있는 곳 알아보기
- 가족들이 가을꽃을 배경으로 사진 찍기
- 도화지를 들고 나가 꽃 그림 그리기

놀이❺ 가을 낙엽으로 꾸미기 놀이

은이네 동네에서 단풍이 든 장면을 보고 가을 낙엽을 모아 작품을 만들어보세요.
- 집 주변에서 여러 가지 색깔의 낙엽 모으기
- 낙엽을 도화지에 붙이고 연상되는 것 추가로 그리기
- 작품에 어울리는 제목을 붙이고 함께 감상하기

놀이❻ 가족 손잡고 동네 한 바퀴

은이와 엄마가 손을 잡고 동네를 걷는 장면을 보고 아이와 손잡고 걸으며 가을의 변화를 느껴보세요.
- 아이와 손을 잡고 동네 한 바퀴 돌기
- 가을 하늘을 올려다보며 가을 하늘 감상하기
- 가을 하늘 구름에서 다양한 모양 찾기

놀이❼ 버스 타고 동네 한 바퀴

은이 엄마가 버스정류장에 서있는 장면을 보고 아이와 마을버스를 타고 동네 한 바퀴 돌아보세요.

- 집에서 가까운 버스정류장으로 가기
- 버스를 타고 갈 수 있는 곳 정하기
- 버스를 타고 가면서 보이는 가을 풍경 이야기 나누기

놀이 동영상

계절 04

겨울에 신나게 놀아볼까?
《10층 큰 나무 아파트에 겨울이 왔어요》

 그림책 소개(부시카 에쓰코 글, 스에자키 시게키 그림, 2020, 미래엔아이세움)

《10층 큰 나무 아파트에 겨울이 왔어요》ⓒ부시카 에쓰코, 미래엔아이세움

큰 나무 아파트에 겨울이 옵니다. 다람쥐 요리사는 따뜻한 수프를 만들어 돌리고, 관리인 두더지는 아이들을 위해 눈사람을 만들고, 원숭이 목수는 눈길 위를 걸어 출근하는 토끼 간호사를 위해 스키를 만듭니다. 이웃을 배려하는 따뜻한 마음을 느끼며 아이들과 함께 추운 겨울 이웃과 나눌 수 있는 것을 찾아보면 어떨까요?

문해력이 자라는 시간

1. 표지 보며 이야기 상상하기

그림(제목 숨기고)
무엇이 보이니? 여기는 어디일까? 이렇게 큰 나무를 본 적이 있니?

어떤 느낌이 드니? 나무에 있는 노란 네모들은 무엇일까?
누가 만들었을까? 이 나무는 살아있는 나무일까?
이 나무가 있는 장소는 어떤 곳일까? 이런 큰 나무가 옆에 또 있을까?
계절과 시간대는 언제일까? 하얀색 점들은 무엇일까?

제목

큰 나무 아파트에는 누가 살까?
큰 나무 아파트에 겨울이 와서 무슨 일이 생길까?
아파트의 장점과 단점에는 무엇이 있을까?
나무 아파트의 장점과 단점에는 무엇이 있을까?
나무에서 사는 사람이 있을까?
너는 나무 혹은 특별한 장소에서 살고 싶은 곳이 있니?

나무, 창문, 기둥, 나뭇잎, 눈이 보여요. 여기는 숲 속 같아요. 이렇게 큰 나무는 본 적 없어요. 상쾌할 것 같고 나무가 이야기할 것 같아요. 노란 네모들은 불빛이에요. 숲 사장님과 공사하는 아저씨가 만들어주었어요. 이 나무는 사람들이 살고 있으니까 살아있는 나무는 아니에요. 여기 사는 사람들이 옆에 있는 다른 나무에 사는 사람들에게 음악을 들려줄 것 같아요. 꽁꽁 얼어서 추워 보이고 눈이 오니까 겨울이에요. 깜깜하니까 밤이에요.

> 제목 보면서 상상하기

동물 사람들이 살아요. 원숭이, 다람쥐들이 너무 추워서 음식을 구하지 못해요. 아파트는 여러 사람을 만날 수 있고 엘리베이트로 짐을 옮길 수 있어요. 높이 살면 멀리 볼 수 있어요. 하지만 층간 소음 때문에 힘들어요. 불이 나면 더 위험해요.

나무에서 사는 사람도 있을 것 같아요. TV에서 봤어요. 나는 놀이동산 집에서 살고 싶어요. 넓은 수영장도 있고 키즈 카페처럼 장난감이 많으면 좋겠어요.

2. 어휘력 쑥쑥

모르는 낱말 2~3개 찾기 - 사전 찾기 - 낱말 수첩에 적고 문장 만들기

예원이의 낱말 수첩

❶ 아름 : 두 팔을 벌려 껴안은 둘레의 길이나 물건의 양

  문장 : 친구가 장난감을 한 아름 사줬다.

❷ 목수 : 나무를 다듬어 집을 짓거나 물건을 만드는 일을 하는 사람

  문장 : 목수가 나무 미끄럼틀을 만들었다.

3. 캐릭터 그리기

- 책 제목, 작가, 출판사 적기
- 주인공을 그리고 이름과 특징 적기
- 독서나무에 붙이기

4. '아파트' VS '주택' 공통점과 차이점 벤다이어그램

아파트
여러 가족이 산다
층이 많다
엘리베이터가 많다

**사람이 산다
물건이 있다
전기와 물을 사용한다**

주택
한 가족이 산다
층이 적다
엘리베이터가 적다

5. 6하 원칙에 맞게 이야기 바꿔 쓰기 (**에 **이 왔어요)

- 언제일까? 여행 갔을 때
- 어디에 있을까? 바다
- 누가 나올까? 외계인, 가족
- 무엇을 할까?
  외계인이 엄마를 잃어버렸다.
- 어떻게 될까?
  외계인과 함께 우주로 갔다.
- 왜 그렇게 될까? 엄마를 찾아주려고

바다에 외계인이 왔어요

가족이 바다여행 갔을 때 외계인을 만났다. 외계인은 엄마를 잃어버려서 찾고 있었다. 가족들은 외계인 엄마를 찾아주려고 우주로 갔다. 우주에서 엄마를 찾아주었더니 같이 친구가 되었다.

10층 큰나무아파트에 겨울이 왔어요

① 아름 : 두 팔을 벌려껴안는둘레의 길이나 물건의 양

친구가 장난감을 한 아름 샀다.

② 목수 : 나무를 다루어 집을짓거나물건을만드는 일을 하는 사람

목수가 나무미끄럼틀을 만들었다.

4. '아파트' VS '주택' 공통점과 차이점 벤다이어그램

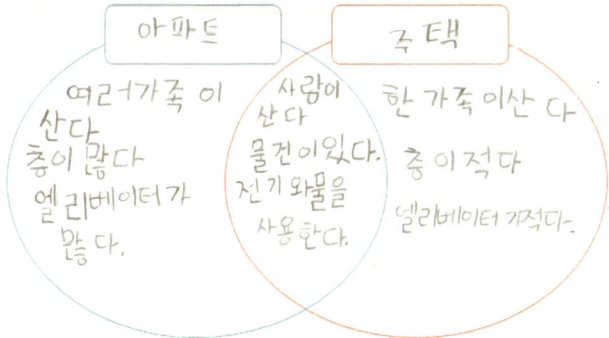

아파트
여러가족이 산다
층이 많다
엘리베이터가 많다.

사람이 산다
물건이있다.
전기와물을 사용한다.

주택
한 가족이 산다
층이 적다
엘리베이터가 적다.

5. 6하 원칙에 맞게 이야기 바꿔 쓰기 (바다에 외계인이 왔어요)

- 언제일까? 여행갔을때
- 어디에 있을까? 바다
- 누가 나올까? 외계인, 가족
- 무엇을 할까? 외계인이 엄마를 잃어버렸다
- 어떻게 될까? 외계인과 함께 우주로갔다.
- 왜 그렇게 될까? 엄마를 찾아주려고

이야기 연결해서 쓰기

가족이 바다 여행갔을때 외계인을 만났다. 외계인은 엄마를 어디에서 찾고 있었다. 가족들은 외계인의 엄마를 찾아주려고 우주로 갔다. 우주에서 엄마를 찾아주었더니 둘은 친구가 되었다.

슬로리딩 놀이

놀이❶ 편지를 배달해요

가족에게 편지를 쓰고 족제비처럼 우편배달부가 되어보세요.
- 가족들에게 짧은 메모 형식의 편지를 여러 장 쓰기
- 작은 가방을 우편배달부 가방이라고 정하기
- 가방에 편지를 모두 넣고 차례로 배달하기

놀이❷ 연기하는 배우가 되어요

책 속 동물들의 행동을 실제 혹은 상상으로 재연해보세요.
- 피아노 연주하는 여우가 되어 피아노 연습하기
- 눈 밭 위를 힘겹게 걷는 토끼가 되어 걸어보기
- 대패질하는 원숭이가 되어 뭔가를 만드는 동작하기

놀이❸ 따뜻한 수프가 왔어요

다람쥐 요리사가 되어 가족들에게 수프를 대접해보세요.
- 오늘의 메뉴판에 다양한 스프의 이름 적기
- 가족들에게 수프 주문 받기
- 엄마와 함께 수프를 만들어 가족들에게 나누기

놀이❹ 실내 스키를 타요

원숭이 목수가 되어 나만의 멋진 스키를 만들어보세요.
- 집에서 스키를 만들 수 있는 물건 찾기
- 책, 베개 등에 끈을 묶어 스키 만들기
- 장애물을 중간에 두고 다양한 코스의 스키 즐기기

놀이⑤ 눈사람을 만들어요

아파트 관리인 두리처럼 눈사람을 만들어 보세요.
- 눈이 내린다면 밖에서 눈사람 만들기
- 밀가루 반죽으로 눈사람 만들고 채소와 과일을 활용하여 눈사람 장식하기
- 눈사람 모양 쿠키를 만들 수도 있음

놀이⑥ 눈싸움 놀이를 즐겨요

펑펑 눈이 내리는 날이 하루쯤은 있기를 바라요. 만약 눈이 온다면 바로 나가서 놀아보세요.
- 눈이 내린다면 밖에서 눈싸움 즐기기
- 양말, 스티로폼, 신문지 등으로 눈뭉치 만들기
- 구역을 나누고 상대 구역으로 눈뭉치 던지며 놀기

놀이❼ 큰 나무 아파트를 만들어요

새로운 큰 나무 아파트를 상상하고 만들어보세요.

- 큰 상자, 작은 상자, 도화지 등으로 아파트 만들기
- 색종이, 색칠도구를 활용하여 아파트 꾸미기
- 작은 인형이나 종이 인형을 만들어 역할극 놀이하기

놀이 동영상

chapter 2

자연

자연 01

양말을 심어볼까?
《양말들판》

 그림책 소개 (무라나카 리에 글, 고야마 코이코 그림, 2011, 책과콩나무)

《양말들판》ⓒ무라나카 리에, 책과콩나무

　장화 위에 양말을 겹쳐 신고 아이들은 들판으로 산책을 나갑니다. 선생님은 들판을 신나게 뛰어다니며 놀던 아이들의 양말을 조심히 벗겨 비닐에 넣습니다. 양말을 화분에 심고 새싹이 돋아나기를 기다리며 물도 주고 노래도 불러줍니다. 양말 화분에서는 아이들 얼굴처럼 서로 다른 모양의 싹이 나와 양말 들판이 무럭무럭 자랍니다.

 문해력이 자라는 시간

1. 표지 보며 이야기 상상하기

그림(제목 숨기고)

무엇이 보이니? 누구 발일까? 신발 모양이 왜 다를까?

두 사람만 있을까? 다른 사람도 더 있을까?

어디로 가는 걸까? 여기는 왜 왔을까? 왜 풀밭을 걷고 있을까?
풀밭을 걷는 느낌과 도로를 걷는 느낌은 어떻게 다를까?
왜 다리만 그렸을까?

제목
들판은 무얼까? 양말 들판은 무슨 뜻일까?
그림에서 양말이 어디에 있니?
왜 양말을 신발 위에 신었을까?
양말 들판에서 무슨 일이 일어날까?

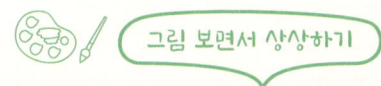

장화, 풀, 꽃이 보여요. 발이 작으니까 동생 발이에요. 신발 모양이 다른 이유는 피노키오처럼 거짓말을 해서 신발 모양이 변했어요. 사람이 더 많은데 책이 작아서 다른 사람을 못 그렸어요. 풀밭이 있는 도서관으로 가고 있어요. 도로가 없어서 풀밭을 걷고 있어요. 풀밭은 푹신푹신하고 도로는 쿵쿵해요. 몸을 비밀로 하려고 다리만 그렸어요.

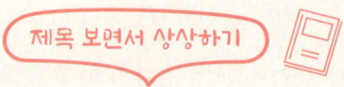
제목 보면서 상상하기

들판은 풀이 많은 곳이에요. 들판에 양말을 깔아놓은 게 양말들판이에요. 양말만 신고 걷는 게 양말들판이에요. 신발이 아니고 양말이에요. 발에 깁스해서 양말을 신었어요. 양말은 씻으면 되니까 신발을 깨끗하게 하려고요. 양말 들판에서 뛰어 놀다가 사람이 꽃이 되어요.

2. 어휘력 쑥쑥

모르는 낱말 2~3개 찾기 - 사전 찾기 - 낱말 수첩에 적고 문장 만들기

예원이의 낱말 수첩

❶ 걸레 : 더러운 것을 닦거나 훔쳐내는데 쓰는 헝겊

　문장 : 엄마가 더러워진 걸레를 빨았다.

❷ 질척하다 : 진흙 등이 물기가 많아서 차지게 질다.

　문장 : 비가 와서 땅이 질척하다.

3. 캐릭터 그리기

- 책 제목, 작가, 출판사 적기
- 주인공을 그리고 이름과 특징 적기
- 독서나무에 붙이기

4. '양말' VS '신발' 공통점과 차이점 벤다이어그램

양말 / 신발

안에서 신는다
늘어난다
보드랍다

발에 신는다
씻을 수 있다
색깔이 있다

밖에서 신는다
안 늘어난다
딱딱하다

5. 6하 원칙에 맞게 이야기 바꿔 쓰기 (양말 **)

- 언제일까? 인형극할 때
- 어디에 있을까? 놀이터
- 누가 나올까? 아파트 주민들
- 무엇을 할까?
  양말로 손인형을 만든다
- 어떻게 될까? 인형극을 한다
- 왜 그렇게 될까? 웃고 힘이 생긴다

양말 인형극

양말로 손인형을 만들어서 놀이터에서 아파트 주민들을 위해 인형극을 했다. 그래서 사람들이 웃고 힘이 생겼다.

양말 들판
① 걸레 : 더러운 것을 닦거나 훔쳐 내는데 쓰는 헝겊
엄마가 더러워진 걸레를 빨았다.

② 질척하다 : 진흙등이 물기가 많아서 차지게 질다.
비가와서 땅이 질척하다.

4. '양말' VS '신발' 공통점과 차이점 벤다이어그램

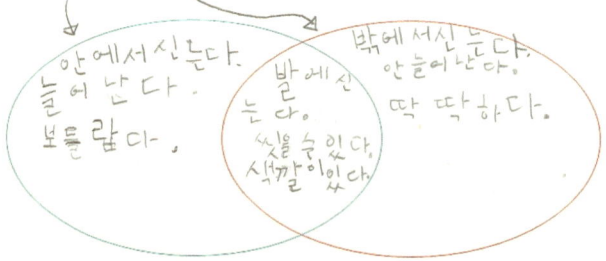

안에서 신는다. 늘어난다. 보들랍다.
발에 신는다. 씻을수 있다. 색깔이 있다.
밖에서 신는다. 안늘어난다. 딱딱하다.

5. 6하 원칙에 맞게 이야기 바꿔 쓰기 『양말 인형』

- 언제 필요할까?
  인형극할때
- 어디에서 필요할까?
  놀이터
- 누구에게 필요할까?
  아파트 주민들
- 무엇으로 만들까?
  양말로
- 어떻게 사용할까?
  손인형을 만들어서
- 왜 필요할까?
  웃고 힘이 생긴다.

이야기 연결해서 쓰기

양말로 손인형을 만들어서 놀이터에서 아파트 주민들을 위해 인형극을 했다. 그래서 사람들이 웃고 힘이 생겼다.

 **슬로리딩 놀이**

놀이❶ 양말 디자이너

내가 직접 디자인한 양말을 신으면 걸음이 더 신나겠죠. 아이들과 양말을 직접 꾸며보세요.
- 흰색 양말과 패브릭 마카 준비하기
- 양말에 그려넣고 싶은 것 이야기 나누고 그리기
- 직접 디자인한 양말을 신은 느낌 이야기 나누기

놀이❷ 자연에서 놀아요

그림책 속 아이들처럼 비가 온 날 밖으로 나가 물웅덩이, 흙 위에서 신나게 놀아보세요.

물웅덩이에서 놀기

흙 위에 그림 그리기

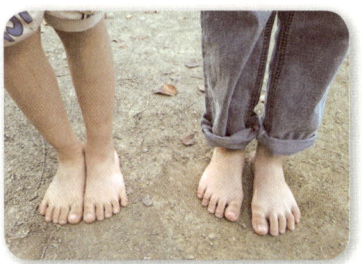
흙 위를 맨발로 걷기

놀이❸ 줄넘기 기차놀이

그림책에 나온 줄넘기 기차놀이 장면을 보고 함께 놀아보세요.

- 가위바위보로 줄넘기 기차에 탈 순서 정하기
- 줄넘기 기차를 타고 집 안 곳곳을 돌아다니기
- 앞뒤 순서를 바꾸어 다시 한 번 더 놀기

놀이❹ 신발 위에 양말 신고 산책하기

양말 화분을 만들기 전에 밖으로 나가 장화 위에 양말을 신고 걸어보세요.

- 장화를 신고 그 위에 낡은 어른 양말 겹쳐 신기
- 풀밭에서 뛰어다니며 구석구석 살펴보며 놀기
- 양말을 조심히 벗겨 비닐봉지에 담아오기

놀이⑤ 양말 화분 만들기

화분과 부드러운 흙을 준비한 후, 더러운 쪽이 위로 오도록 양말을 화분에 넣으세요. 양말을 흙으로 덮어주고 표지판을 만들어 꽂아주세요.

양말 화분에 심기

물도 주고, 노래도 불러주기

새싹 관찰하기

놀이⑥ 양말 인형극 놀이

낡은 양말을 사용해 솜을 넣은 인형, 손을 끼울 수 있는 인형을 만들고 인형극 놀이를 해보세요.
- 양말, 색칠 도구, 꾸미기 재료 준비하기
- 솜을 넣어서 부피감이 있는 인형 만들기
- 손에 끼울 수 있는 인형 만들어 인형극하기

놀이❼ 양말로 놀아요

양말을 가득 모아두고 아이들과 양말을 사용해서 함께 할 수 있는 놀이를 이야기 나누고 해보세요.

양말 농구

양말 기억 게임(한 쌍 찾기)

양말 숨기고 찾기

놀이 동영상

자연 02

방울토마토 키워볼까?
《조금씩 방울토마토》

 그림책 소개 (하정산 지음, 2020, 봄개울)

《조금씩 방울토마토》©하정산, 봄개울

　　아이는 방울토마토를 심으면서 소원을 생각합니다. 소원을 이루는 다양한 방법에 도전하지만 매번 실패하고 맙니다. 어느 날 잘 익은 방울토마토가 눈에 들어옵니다. 방울토마토를 짝꿍 은지에게 선물하고 용기 내어 집으로 초대합니다. 아이는 은지와 줄넘기도 하고 방울토마토도 함께 땁니다. 소원은 이루어진 거겠죠?

 문해력이 자라는 시간

1. 표지 보며 이야기 상상하기

그림(제목 숨기고)
무엇이 보이니? 화분에 달린 열매는 무엇일까?
방울토마토 색깔이 왜 초록색일까? 다 자란 토마토는 어떤 색일까?

방울토마토 화분 중간에 막대는 왜 있을까?
노란 주전자는 어디에 사용하는 걸까?
아이와 강아지는 왜 화분을 보고 있을까?
아이는 화분을 보면서 무슨 생각을 하고 있을까?

제목
방울토마토를 왜 조금씩이라고 할까? 조금씩 자라면 마음이 어떨까?
과일이나 식물을 키워본 적 있니? 방울토마토를 키워보고 싶니?
방울토마토를 키우려면 무엇이 필요할까?
방울토마토 화분은 어디에 두면 좋을까?

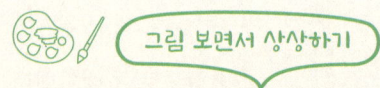

화분, 꽃, 강아지, 아이, 주전자가 보여요. 화분에 열매는 토마토예요. 아직 토마토가 덜 익어서 초록색이에요. 다 자라면 빨간색이 되어요. 토마토가 힘이 없어서 막대에 기대고 있어요. 노란 주전자로 토마토에 물을 주어요. 아이와 강아지는 토마토가 잘 자라는지 보고 있어요. 토마토를 언제 먹을 수 있을까 생각하고 있어요.

> 제목 보면서 상상하기

방울토마토가 조금씩 자라서요. 조금씩 먹는 토마토예요. 조금씩 자라면 빨리 먹고 싶은 마음이 들 것 같아요. 나는 유치원에서 고구마 키웠어요. 고구마 잎이 많이 자랐어요.

집에서 방울토마토 키워보고 싶어요. 방울토마토 키우려면 물이 필요해요. 화분이랑 흙도 필요해요. 막대도 있어야 해요. 화분은 햇빛이 잘 드는 베란다에 두어야 해요.

2. 어휘력 쑥쑥

모르는 낱말 2~3개 찾기 - 사전 찾기 - 낱말 수첩에 적고 문장 만들기

예원이의 낱말 수첩

❶ 익다 : 열매가 자라서 여물다

　문장 : 고추가 잘 익었다.

❷ 금방 : 이제 곧 지금 막

　문장 : 금방 피아노 학원을 갔다.

3. 캐릭터 그리기

- 책 제목, 작가, 출판사 적기
- 주인공을 그리고 이름과 특징 적기
- 독서나무에 붙이기

4. '토마토' VS '캐첩' 차이점 벤다이어그램

토마토
캐첩

열매
동그랗다
달다

토마토다
빨간색

식품
모양이 없다
새콤하다

5. 6하 원칙에 맞게 이야기 바꿔 쓰기 (조금씩 ★★)

- 언제일까? 봄
- 어디에 있을까? 농장
- 누가 나올까? 농부
- 무엇을 할까? 꽃을 키운다
- 어떻게 될까? 꽃이 잘 자란다
- 왜 그렇게 될까? 노래를 불러줘서

조금씩 꽃

농장에 농부가 봄에 꽃을 키웠다. 꽃이 조금씩 자라서 잘 자라라고 노래를 불러주었다. 꽃이 기분이 좋아져서 잘 자랐다.

조금씩 방울토마토
① 익다 : 열매가 자라서 익는다.
고추가 잘 익었다.

② 금방 : 이제 곧 지금 막
금방 피아노학원을 갔다.

4. '토마토' VS '방울토마토' 공통점과 차이점 벤다이어그램

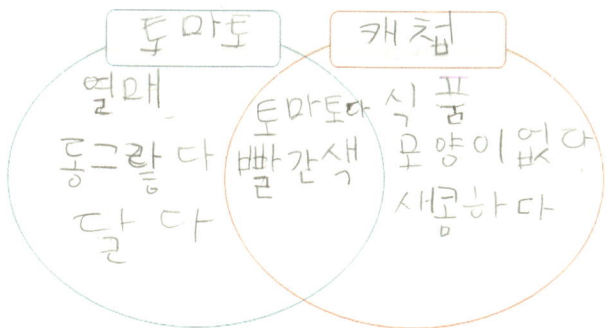

토마토 / 캐첩
열매 / 토마토다 / 식품
동그랗다 / 빨간색 / 모양이없다
달다 / / 새콤하다

5. 6하 원칙에 맞게 이야기 바꿔 쓰기 (조금씩 꽃)

- 언제 있었을까? 봄
- 어디에서 있었을까? 농장
- 누가 나올까? 농부
- 무엇을 할까? 꽃을 키운다
- 어떻게 할까? 꽃이 잘 자란다
- 왜 할까? 노래를 불러줘서-

이야기 연결해서 쓰기

농장에 농부가 봄에 꽃을 키웠다. 꽃이 조금씩 자라서 잘 자라라고 노래를 불러주었다. 꽃이 기분이 좋아져서 잘 자란다

슬로리딩 놀이

놀이❶ 그림일기 쓰기

주인공이 쓴 그림일기를 보고 가족 모두 그림일기를 써보세요.
- 하루 일과 중에 일기로 남기고 싶은 일 이야기 나누기
- 그림일기장을 준비하여 그림을 그리고 글 적기
- 가족이 모두 모여 각자 쓴 그림일기 소개하기

놀이❷ 방울토마토 심기

화분이나 마당에 방울토마토를 직접 심어보세요.
- 방울토마토 모종 구입하기
- 화분과 흙을 준비하여 모종 옮겨 심기
- 방울토마토 옆에 푯말 세워주기

놀이❸ 방울토마토 성장 과정 관찰하기

햇볕이 잘 드는 장소에 방울토마토 화분을 두고 관찰해보세요.
- 물 말림 방지를 위해 자주 물주기
- 화분에게 잘 자라라고 자주 응원해주기
- 주기적으로 사진을 남기고 관찰 일기 쓰기

놀이❹ 소원아 이루어져라

책에서 소원을 비는 장면들을 살펴보고 소원 빌기 놀이를 해보세요.

한 번에 촛불 끄기

접시에 동전 던져 넣기

별이 떨어지기 전에 소원 빌기

놀이❺ 동화 속 주인공처럼 소원 빌기

동화에서 소원을 비는 내용들을 살펴보고 함께 해보세요(알라딘, 흥부와 놀부, 단군신화).

알라딘의 요술램프

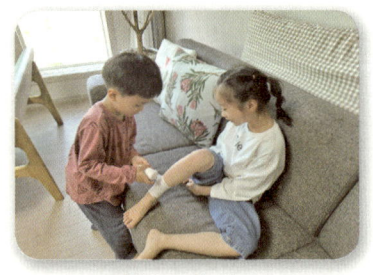

흥부 제비 치료

단군신화 쑥, 마늘 먹기

놀이❻ 친구에게 방울토마토 선물하기

잘 익은 방울토마토를 친구에게 선물해보세요.
- 방울토마토가 다 익으면 컵이나 비닐에 담기
- 유치원, 학교에서 주고 싶은 친구 이야기 나누기
- 친구에게 방울토마토를 선물하고 소감 나누기

놀이❼ 친구 초대하여 함께 놀기

친구를 집으로 초대하여 함께 놀아보세요.
- 집 안에서 하고 싶은 놀이를 찾아 함께 놀기
- 집 밖으로 나가 줄넘기 연습 함께 하며 놀기
- 짜장 리면을 끓여서 함께 먹기

놀이 동영상

자연 03

숲에서 놀아볼까?
《숲이 될 수 있을까?》

 그림책 소개 (한유진 글, 임덕란 그림, 2017, 책고래)

《숲이 될 수 있을까?》ⓒ한유진, 책고래

아이는 엄마와 함께 숲으로 갑니다. 마중 나온 바람이 흙냄새를 전해줍니다. 구슬 흙 위를 엄마와 함께 맨 발로 걷고, 큰 나무 사이사이로 보이는 숲을 바라봅니다. 돌탑 위에 작은 돌멩이를 올리고 거미들의 멋진 놀이터도 구경합니다. 엄마가 만들어준 나뭇잎 왕관을 쓰고 아이는 '나도 숲이에요'를 외치고 돌아옵니다.

 문해력이 자라는 시간

1. 표지 보며 이야기 상상하기

그림(제목 숨기고)
무엇이 보이니? 여기는 어디일까? 누구의 발일까?
발끝은 왜 빨간색일까?

누워 있는 걸까? 서있는 걸까? 아이는 왜 여기에 왔을까?
아이는 혼자 왔을까? 나뭇잎 모양과 색깔이 왜 이렇게 다양할까?
앞으로 어떤 일이 일어날까?

제목
숲은 무엇일까? 숲은 사람에게 꼭 필요할까?
누가 누구에게 하는 질문일까? 왜 이 질문을 할까?
무엇을 보면서 숲이 될 수 있는지 묻는 걸까?
숲이 되기 위해 필요한 것은 무엇일까?

다리, 바지, 나무, 바위가 보여요. 나무가 있으니까 여기는 숲이에요. 아이 발인데 피가 났어요. 벌레한테 물려서 빨갈 수도 있어요. 이 사람은 나무 뒤에 숨어 있어요. 나무에 매달려 있어요. 숲에서 예쁜 꽃을 찾아 봉숭아 물들이려고 왔어요. 숲에 있는 밭에 물도 주구요. 엄마와 같이 왔는데 예쁜 꽃을 찾다가 엄마를 잃어버렸어요. 나뭇잎 색깔은 원래 다양해요. 숲에서 멧돼지를 만나서 도망쳐요.

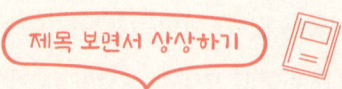

숲은 나무가 많은 곳이에요. 숲에 나무가 없으면 사람이 숨을 못 쉬어요. 자기가 자기한테 묻고 있어요. 나무가 아이에게 묻고 있어요. 나무가 없는 빈 곳이 있는데 여기가 숲이 될 수 있을까 묻고 있어요. 숲이 되려면 흙도 있고, 햇빛도 있고, 나무도 많아야 돼요.

2. 어휘력 쑥쑥

모르는 낱말 2~3개 찾기 – 사전 찾기 – 낱말 수첩에 적고 문장 만들기

예원이의 낱말 수첩

❶ 마중 : 오는 사람을 맞으러 나감

　문장 : 우리 집에 친구가 와서 마중 나간다.

❷ 어마어마하다 : 매우 놀랍게 굉장하거나 엄청나다

　문장 : 지나다가 본 건물이 어마어마하다.

3. 캐릭터 그리기

- 책 제목, 작가, 출판사 적기
- 주인공을 그리고 이름과 특징 적기
- 독서나무에 붙이기

4. '숲' VS '들' 공통점과 차이점 벤다이어그램

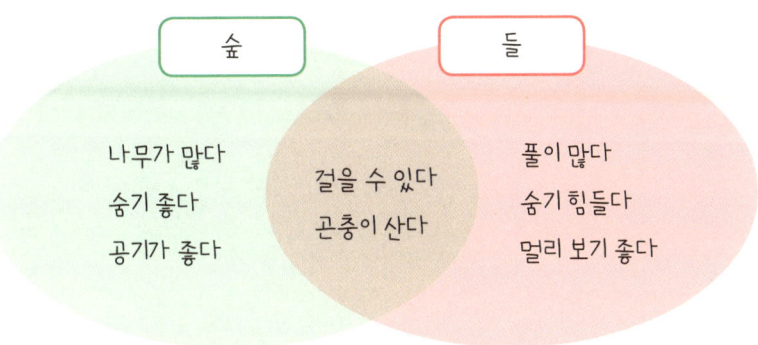

5. 6하 원칙에 맞게 이야기 바꿔 쓰기(**이 될 수 있을까?)

- 언제일까? 공룡시대
- 어디에 있을까? 공룡둥지
- 누가 나올까? 알
- 무엇을 할까?
    공룡박사가 알을 발견
- 어떻게 될까? 알을 품어준다
- 왜 그렇게 될까? 불쌍해서

새가 될 수 있을까?

공룡박사가 타임머신을 타고 공룡시대로 갔다. 박사가 엄마 없는 알을 발견했다. 박사는 불쌍해서 알을 품어주었다. 커서 새가 돌아와서 박사님을 안아주었다.

숲이될수있을까?
① 마중: 오는사람을 맞으러나감
우집에친구가 와서 마중 나간다

② 어마어마하다: 매우놀랍게굉장하
지나 엄청나다
지나가다본 건물에 어마어마하다

4. '숲' VS '들' 공통점과 차이점 벤다이어그램

숲 / 들
나무가 많다
숨기좋다
공기가좋다
걸을수있다
곤충이산다
풀이 많다
숨기힘들다
멀리보기좋다

5. 6하 원칙에 맞게 이야기 바꿔 쓰기 (새가 될 수 있을까?)

- 언제일까? 공룡시대
- 어디에 있을까? 공룡둥지
- 누가 나올까? 알
- 무엇을 할까? 공룡박사가 알을바꿔
- 어떻게 될까? 알을품어준다
- 왜 그렇게 될까? 불쌍해서

이야기 연결해서 쓰기

공룡박사가 타임머신을타고 공룡시대로갔다. 박사가 엄마없는 알을발견했다. 박사는 불쌍해서 알을품어주었다. 커서 새가돌아와서 박사님을 안아주었다.

슬로리딩 놀이

놀이❶ 숲의 냄새를 찾아라!

아이들과 숲으로 나가 숲의 다양한 냄새를 찾아보세요.
- 숲의 바람에서 나는 냄새 맡기
- 숲에서 다양한 냄새 찾기
- 각자 찾은 숲의 냄새를 가족에게 알려주기

놀이❷ 흙길 맨발 걷기

맨발로 걸을 수 있는 곳을 찾아 흙을 느끼며 걸어보세요.
- 맨발로 걸을 수 있는 부드러운 흙 찾기
- 천천히 맨발로 걸으면서 발로 흙을 느끼기
- 서로의 발바닥을 살펴보고 느낌 나누기

놀이❸ 나뭇잎 망원경으로 숲 보기

숲을 보는 새로운 방법이에요. 나뭇잎 구멍으로 숲 여기저기를 자세히 살펴보세요.
- 나무 사이로 보이는 숲 바라보기
- 나뭇잎 중간에 구멍 내기
- 구멍으로 숲 여기저기를 보고 소감 나누기

놀이❹ 돌탑 쌓기

숲에서 돌이 많은 곳을 찾아 돌탑을 쌓아보세요.
- 숲에서 돌멩이를 찾아 모으기
- 돌멩이를 크기순으로 줄 세우기
- 조심조심 돌탑 쌓기

놀이❺ 거미줄 꾸미기

숲에서 거미줄을 찾아 관찰하고 책처럼 꾸며보세요.
- 작은 꽃잎이나 나뭇잎 모으기
- 조심스럽게 거미줄에 꽃잎과 나뭇잎 올리기
- 거미줄 작품을 보면서 소감 나누기

놀이❻ 아기 열매 찾기

숲에는 계절마다 열매를 볼 수 있어요. 가을 열매를 찾아 숲 전시회를 열어보세요.
- 숲에서 아기 열매 찾기
- 다양한 열매의 모양과 색깔 관찰하기
- 열매가 자랄 수 있는 곳을 찾아 땅에 심기

놀이❼ 나뭇잎 왕관 만들기

나뭇잎 왕관을 만들어 쓰고 왕 놀이를 해보세요.
- 숲에 떨어진 나뭇잎 모으기
- 잎사귀를 겹쳐서 잎자루 혹은 나뭇가지로 꿰기
- 나뭇잎 왕관을 쓰고 왕 흉내를 내며 놀기

놀이 동영상

chapter 3

세상

세상 01

학교에서 놀아볼까?
《늑대 학교》

 그림책 소개(카롤린 로크 글, 그레구아르 마비르 그림, 2020, 진선아이)

《늑대 학교》ⓒ카롤린 로크, 진선아이

꼬마 늑대 루피오는 학교에 갈 나이가 되었어요. 루피오는 늑대학교가 아니라 책 읽기, 글쓰기, 셈하기를 배우는 진짜 학교에 가고 싶어합니다. 늑대 학교 입학시험에 떨어진 루피오는 진짜 학교에 가게 됩니다. 아빠와 엄마는 루피오가 늑대 학교가 아닌 진짜 학교로 가서 실망하지만 루피오가 읽어주는 책 때문에 마음이 바뀌게 됩니다.

 문해력이 자라는 시간

1. 표지 보며 이야기 상상하기

그림(제목 숨기고)

무엇이 보이니? 여기는 어디일까? 늑대들은 무엇을 하고 있니?
늑대들이 책상을 밀고 부수고, 소리를 지르는 이유는 무엇일까?

선생님은 지금 교실에 함께 계실까?
선생님이 교실에 계신다면 지금 무엇을 하고 계실까?
중간에 파란 늑대는 왜 가만히 앉아있을까?
파란 늑대는 지금 무슨 생각을 하고 있을까?

제목
학교는 어떤 곳이라 생각해? 왜 학교가 있는 것일까?
늑대 학교는 어떤 곳일까?
늑대학교는 사람학교와 비슷할까? 다를까?
늑대학교에서는 무엇을 배울까? 동물들도 학교에 다닐까?
동물은 학교에서 무엇을 배울까?(경찰견 학교, 강아지 유치원)

그림 보면서 상상하기

늑대, 책상, 공, 뼈다귀, 거미가 보여요. 책상이 많으니까 학교예요. 수업 안하고 놀고 있어요. 책상도 물고 비행기도 날리고 공도 던져요. 선생님이 계신데 없는 줄 알고 장난을 치고 있어요. 파란 늑대는 가만히 앉아서 선생님을 기다리고 있어요. 파란 늑대는 시험에서 몇 점을 맞을지 생각하고 있어요.

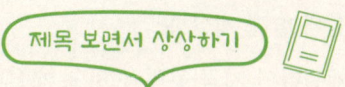
제목 보면서 상상하기

학교는 공부하는 곳이에요. 학생들이 공부를 잘 하라고 학교를 만들었어요. 늑대학교는 늑대 공부를 하는 곳이에요. 늑대학교는 사람학교와 달라요. 늑대학교에서는 국어, 수학은 안 배우고 소리 지르기, 물건 부수기, 종이비행기 날리기를 배워요. 동물들이 다니는 진짜 학교는 없을 것 같아요. 동물을 키우는 사람은 동물도 사람처럼 똑똑해지라고 주인이 집에서 공부를 시켜요.

2. 어휘력 쑥쑥

모르는 낱말 2~3개 찾기 - 사전 찾기 - 낱말 수첩에 적고 문장 만들기

예원이의 낱말 수첩

❶ 근엄하다 : 매우 점잖고 엄하다

 문장 : 강아지가 근엄하다.

❷ 울부짖다 : 감정이 격하여 마구 울면서 큰 소리를 내다

 문장 : 엄마 돼지가 아기 돼지를 잃어버려서 울부짖다.

3. 캐릭터 그리기

- 책 제목, 작가, 출판사 적기
- 주인공을 그리고 이름과 특징 적기
- 독서나무에 붙이기

4. '늑대 학교' VS '진짜 학교' 공통점과 차이점 벤다이어그램

늑대 학교 / 진짜 학교

지저분하다
울부짖는 법
지저분하게 먹는 법

선생님
학생
책상

정리가 되었다
책 읽기, 글쓰기, 셈하기

5. 6하 원칙에 맞게 이야기 바꿔 쓰기(**학교)

- 언제일까? 8살
- 어디에 있을까? 바다
- 누가 나올까? 고래 코코
- 무엇을 할까? 조심할 것, 수영
- 어떻게 될까? 헤엄치기, 먹이 구하기
- 왜 그렇게 될까?
  고래가 바르게 배우기 위해

고래 학교

바다에 사는 8살 고래 코코가 있었다. 코코는 고래 학교에서 조심할 것, 수영을 바르게 배우고 싶었다. 고래 학교 입학시험은 헤엄치기와 먹이 구하기였다.

늑대 학교
① 근엄하다 : 매우 점잖고 엄하다
강아지가 근엄하다.

② 울부짖다 : 감정이 격하여 마구 울면서 큰소리를 내다
엄마돼지가 아기돼지를 잃어버려서 울부짖다.

4. '늑대 학교' VS '진짜 학교' 공통점과 차이점 벤다이어그램

늑대학교
· 지저분하다
· 울부짖는법
· 지저분하게 먹는법
· 늑대만난다

선생님
책상
연필
건물
학생

진짜 학교
· 정리가 잘되었다
· 책읽기
· 글쓰기
· 셈하기

5. 6하 원칙에 맞게 이야기 바꿔 쓰기 (고래 학교)

- 언제일까? 8살
- 어디에 있을까? 바다
- 누가 나올까? 고래코코
- 무엇을 할까? 조심할것을
- 어떻게 될까? 헤엄치기 먹이구하게
- 왜 그렇게 될까? 고래가 바르게 배우기

이야기 연결해서 쓰기
바다에 사는 8살 고래코코가 있었다. 고고 늘래학교에서 조심할것, 수영을 바르게 배우고 싶었다. 고래 학교 입학 시험은 헤엄치기와 먹이구하기 였다.

 **슬로리딩 놀이**

놀이❶ 늑대 학교와 진짜 학교 체험하기

늑대 학교

늑대처럼 울부짖기

우유 지저분하게 핥아먹기

진짜 학교

책 읽기

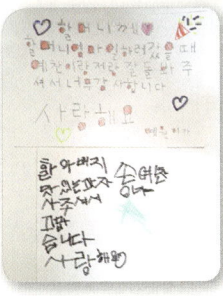
글쓰기 - 편지

셈하기 - 별 세기

놀이❷ 학교에 대한 기대 & 걱정 마인드맵

새 학기 학교(유치원)에 대한 기대와 걱정을 나눠보세요.
- 중간 원에 기대와 걱정이라고 적기
- 중간 원에서 가지를 그려 떠오르는 내용 적기
- 걱정에 대한 해결 방법도 가지를 그려 적기

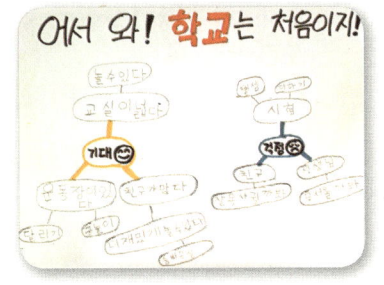

세상 93

놀이❸ 학교(유치원) 답사하기

입학을 앞둔 아이가 있다면 새 책가방을 메고 학교 답사를 가보세요.
- 학교 가는 길에 보이는 것들에 대해 이야기 나누기
- 학교 운동장에서 술래잡기 놀이나 공놀이 해보기
- 미리 가본 학교에 대한 소감 나누기

놀이❹ 선생님은 어떤 분일까 상상하기

새 학기에 만날 선생님을 상상하여 그려보고 이야기 나눠보세요.
- 이전에 만났던 선생님들의 장점을 생각해보기
- 내가 꼭 만나고 싶은 선생님에 대해 이야기 나누기
- 내가 상상한 선생님 모습 그리기

놀이 ⑤ 학교에서 배우고 싶은 것 브레인스토밍

그림책 속 학교에서 배웠던 것을 떠올려보고 내가 학교에서 배우고 싶은 것들을 이야기 나눠보세요.

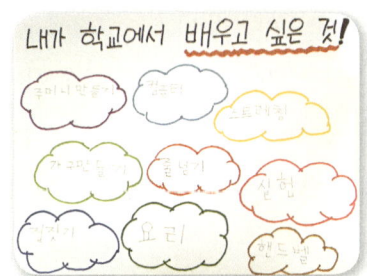

- 국어, 수학 같은 학교에서 배우고 있는 것들 먼저 떠올려보기
- 뭐든 배울 수 있는 학교가 있다고 상상하기
- 내가 학교에서 배우고 싶은 것들 이야기 나누기

놀이 ⑥ 나는 선생님, 엄마는 학생!

아이는 선생님, 엄마는 학생이 되어 학교 놀이를 해보세요.

- 작은 칠판 혹은 스케치북 준비하기
- 아이들이 역할을 바꿔 선생님과 학생 되기
- 알림장 쓰기, 초성퀴즈, 간단한 연산 문제로 역할극 놀이하기

놀이❼ 학교 그림책 읽기

학교 이야기가 나오는 그림책을 찾아 읽고 이야기 나눠보세요.
- 도서관이나 서점에서 학교 이야기가 나오는 그림책 찾기
- 늑대학교 이야기와 닮은 점과 다른 점 찾기
- 새로운 학교 이야기를 직접 만들기

놀이 동영상

세상 02

동네를 돌아볼까?
《우리 동네》

 그림책 소개(이해인 글, 박현주 그림, 2021, 현북스)

《우리 동네》ⓒ이해인, 현북스

이해인 수녀님은 수녀원이 있는 동네 이웃들의 이야기를 수필그림책으로 담았습니다. 가족처럼 반가운 집배원 아저씨, 친절한 주민 센터의 직원들, 마술사처럼 구두를 고치는 구두점 아저씨, 바닷가 장식품을 파는 아주머니를 소개합니다. 그림책을 읽고 우리 동네 한 바퀴 돌면서 평소 고마웠던 분들에게 감사 인사를 건네 보면 좋겠습니다.

 문해력이 자라는 시간

1. 표지 보며 이야기 상상하기

그림(제목 숨기고)
무엇이 보이니? 여기는 어디일까? 무얼 보고 그렇게 생각했니?

세상 **97**

이 사람은 누구일까? 왜 머리에 흰 수건을 쓰고 있을까?
이 사람은 어디를 보고 있을까? 왜 그곳을 보고 있을까?
빨간 우산이 달린 리어카 안에는 무엇이 있을까?

제목
수필이 무엇일까? 동네는 무엇일까?
이 동네에는 어떤 장소들이 있을까?
바닷가 동네와 바다가 먼 동네는 다른 점이 있을까?
우리 동네에서 내가 자주 가는 곳은?
우리 동네에서 가장 마음에 드는 곳은?

사람, 집, 나무가 보여요. 집이 많으니까 동네예요. 이 사람은 러시아, 일본 사람 같아요. 흰 수건을 쓰면 바람이 불어도 머리가 헝클어지지 않아요. 이 사람이 이사를 갔는데 옛날 집이 그리워서 찾아가서 보고 있어요. 빨간 리어카 안에는 상자와 나무가 있는데 집을 지으려고 옮기고 있어요.

> 제목 보면서 상상하기

수필은 연필 비슷한 것 같아요. 집이 많으면 동네예요. 동네에는 도로, 자동차, 마트, 교회, 병원, 아파트, 유치원, 학교, 사람도 있어요. 바다가 있는 동네는 파도 소리도 들리고, 짠 냄새도 나고, 등대도 있고, 배도 다녀요. 우리 동네에서 내가 제일 자주 가는 곳은 학교, 학원, 편의점이에요. 가장 마음에 드는 곳은 스티커가 많은 문구점이에요.

2. 어휘력 쑥쑥

모르는 낱말 2~3개 찾기 - 사전 찾기 - 낱말 수첩에 적고 문장 만들기

예원이의 낱말 수첩

❶ 신속하다 : 매우 빠르다

　문장 : 피아노 진도가 신속하다.

❷ 앙증맞다 : 규모나 크기가 작은 것이 귀엽고 깜찍하다

　문장 : 동물 인형들이 앙증맞다.

3. 캐릭터 그리기

- 책 제목, 작가, 출판사 적기
- 주인공을 그리고 이름과 특징 적기
- 독서나무에 붙이기

4. '동네' VS '나라' 공통점과 차이점 벤다이어그램

동네
나라

사람이 적다
걸어서 간다
땅이 좁다

사람이 산다
집이 있다
도로가 있다

사람이 많다
걸어가기 힘들다
땅이 넓다

5. 6하 원칙에 맞게 이야기 바꿔 쓰기 (우리 **)

- 언제일까? 추운 날
- 어디에 있을까? 숲 속
- 누가 나올까? 사자 가족
- 무엇을 할까? 사냥
- 어떻게 될까?
  아빠가 아파서 아기가 사냥
- 왜 그렇게 될까?
  나무요정이 사냥을 가르쳐줘서

우리 가족

숲 속에 사자 가족이 살았다. 추운 날 아빠 사자가 아파서 사냥을 못했다. 그래서 나무 요정이 아기 사자들에게 사냥을 가르쳐주었다. 사냥한 고기를 먹고 사자 가족은 모두 건강하게 살았다.

우리동네
① 신속하다: 매우 빠르다
피아노 진도가 신속하다.

② 앙증맞다: 규모나 크기가 작은 것이
귀엽고 깜찍하다
동물 인형들이 앙증맞다.

4. '동네' VS '나라' 공통점과 차이점 벤다이어그램

동네 — 사람이 적다 / 걸어서 간다 / 땅이 좁다
공통 — 사람이 산다 / 집이 있다 / 도로가 있다
나라 — 사람이 많다 / 걸어가기 힘들다 / 땅이 넓다

5. 6하 원칙에 맞게 이야기 바꿔 쓰기 (우리 가족)

- 언제일까? 추운 날
- 어디에 있을까? 숲속
- 누가 나올까? 사자 가족
- 무엇을 할까? 사냥
- 어떻게 될까? 아빠가 아파서 아기가 사냥
- 왜 그렇게 될까? 나무요정이 사냥을 가르쳐 주어서

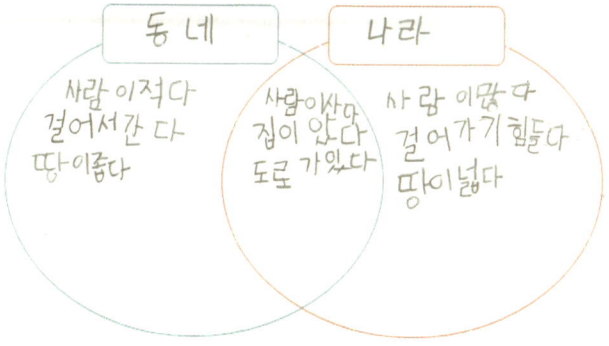

이야기 연결해서 쓰기

숲속에 사자 가족이 살았다.
추운 날 아빠 사자가 아파서
사냥을 못했다.
그래서 나무요정이 아기사자
들에게 사냥을 가르쳐주었다.
사냥한 고기를 먹고 사자가
족은 모두 건강하게 살았다.

슬로리딩 놀이

놀이❶ 우체국에서 편지 보내기

친구나 친척에게 편지를 쓰고 동네 우체국에서 편지를 붙여보세요.
- 편지지와 봉투 준비하기
- 쓰고 싶은 사람을 정하고 편지 쓰기
- 동네 우체국에 가서 우표를 붙이고 직원에게 드리기

놀이❷ 주민 센터에서 서류 발급해보기

동네 주민 센터가 어떤 일을 하는 곳인지 알아보세요.
- 주민 센터에 있는 다양한 부서 탐색하기
- 주민등록, 호적신고, 사회복지, 전입신고 의미 알아보기
- 주민등록등본 혹은 다른 증명서 발급해보기

놀이❸ 구두점, 신발 가게 구경하기

수제화와 기성품의 차이를 알려주시고 두 가게 모두 둘러보세요.
- 구두점을 둘러보고 구두의 종류에 대해 질문해보기
- 수선이 필요한 신발이 있다면 구두점에서 수선하기
- 신발 가게 둘러보고 다양한 신발의 종류 알아보기

놀이❹ 사진관에서 사진 출력하기

동네 사진관에서 가족사진을 찍거나 출력해보세요.
- 출력하고 싶은 사진 고르기
- 사진관에서 가족사진 찍기
- 사진을 앨범 혹은 액자에 넣기

놀이⑤ 목걸이 만들기

이동 기계에 대해 이야기 나누고 목걸이를 직접 만들어보세요.
- 책에 있는 목걸이 자세히 살펴보기
- 목걸이를 만들 수 있는 재료 준비하기
- 준비된 재료로 목걸이 만들기

놀이⑥ 우리 동네를 소개해요

동네 한 바퀴 돌면서 내가 자주 가는 가게 앞에서 사진을 찍고 우리 동네를 소개할 수 있는 포스터를 만들어보세요.
- 출발 전에 내가 자주 가는 가게 생각해보기
- 내가 자주 가는 가게 앞에서 사진 찍기
- 가게 사진을 출력하거나 그리고 소개하는 글쓰기

놀이❼ 고마운 분께 고마운 마음 전하기

우리 동네에 고마운 분들을 생각하고 마음을 나눠보세요.
- 고마운 마음을 전할 수 있는 방법 생각하기
- 간식이나 작은 선물 준비하기
- 고마운 분께 고마운 마음 전하고 소감 나누기

놀이 동영상

세상 03

세계로 떠나볼까?
《바람을 만났어요》

 그림책 소개 (김유미 지음, 2021, 북극곰)

《바람을 만났어요》ⓒ김유미, 북극곰

　숲에 사는 팽이는 좋아하는 그림을 그리다 바람의 소리를 듣게 돼요. 팽이는 바람처럼 움직이고 싶었지만 쉽지 않았어요. 바람은 세계를 돌아다니며 본 것들을 이야기해 주었어요. 바람은 여우를 만나러 사막으로 떠나고, 팽이는 친구들에게 바람에게 들었던 신기한 이야기를 그림과 함께 들려준답니다.

 문해력이 자라는 시간

1. 표지 보며 이야기 상상하기

그림(제목 숨기고)

무엇이 보이니? 무슨 동물일까? 여기는 어디일까?
눈을 감고 무엇을 하고 있을까? 기분은 어때 보여?

왜 혼자 있는 것일까? 가족과 친구가 있을까?
이전에 무슨 일이 있었을까? 이후에 무슨 일이 생길까?

제목
바람은 무엇일까? 바람을 만났다는 것은 무슨 뜻일까?
바람은 필요한 것일까? 바람이 없어지면 어떻게 될까?
바람이 좋다고 느낀 날이 있을까?
바람을 만난 주인공에게 어떤 일이 생길 수 있을까?

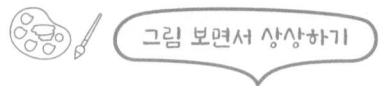

개구리, 꽃, 잔디, 구름이 보여요. 눈이 튀어나왔으니까 개구리 같아요. 풀이 있으니까 공원이에요. 눈을 감고 있는 이유는 바람을 쐬면서 명상을 하고 있어요. 편안해보여요. 친한 친구가 없어서 다른 동물들과 조금 떨어져 있을 것 같아요. 조금 전에 엄마한테 혼나서 밖에 나왔어요. 저녁에 엄마한테 미안하다고 해요.

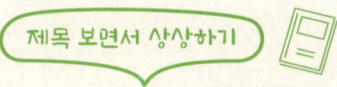
제목 보면서 상상하기

바람은 시원한 거예요. 바람을 만난 건 바람이 부는 걸 봤다는 거예요. 바람이 있어야 시원해요. 바람이 없어지면 공기가 안 좋아져요. 바람이 불어서 벚꽃이 떨어질 때 좋았어요. 바람을 비닐에 넣어서 공을 만들어 날려요. 바람을 타고 날아서 우주까지 갔다 올 수도 있어요.

2. 어휘력 쑥쑥

모르는 낱말 2~3개 찾기 - 사전 찾기 - 낱말 수첩에 적고 문장 만들기

예원이의 낱말 수첩

❶ 횃불 : 묶은 싸리나 갈대에 켠 불
   문장 : 인디언이 사냥을 하려고 횃불을 들고 갔다.

❷ 어느새 : 어느 틈에 벌써
   문장 : 어느새 여름이 지나갔다.

3. 캐릭터 그리기

- 책 제목, 작가, 출판사 적기
- 주인공을 그리고 이름과 특징 적기
- 독서나무에 붙이기

4. '바람' VS '이야기' 공통점과 차이점 벤다이어그램

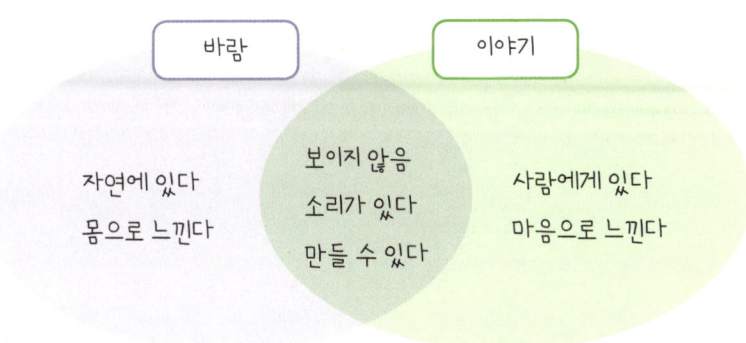

5. 6하 원칙에 맞게 이야기 바꿔 쓰기(**을 만났어요)

- 언제일까? 봄
- 어디에 있을까? 중국, 한국
- 누가 나올까? 먼지, 소녀
- 무엇을 할까? 먼지와 친구가 된다
- 어떻게 될까?
  안전한 방법을 가르쳐준다.
- 왜 그렇게 될까?
  건강하기를 바라서

먼지를 만났어요

봄에 중국에서 한국까지 온 먼지가 있었다. 소녀와 먼지는 친구가 되었다. 먼지는 소녀가 건강하기를 바라서 미세먼지로부터 안전한 방법을 가르쳐주었다.

바람을 만났어요
① 횃불: 묶은 싸리나 갈대에 켠 불
② 어느새: 어느 틈에 벌써

인디언이 사냥을 하려고 횃불을 들고 갔다
어느새 여름이 지나갔다

4. '바람' VS '이야기' 공통점과 차이점 벤다이어그램

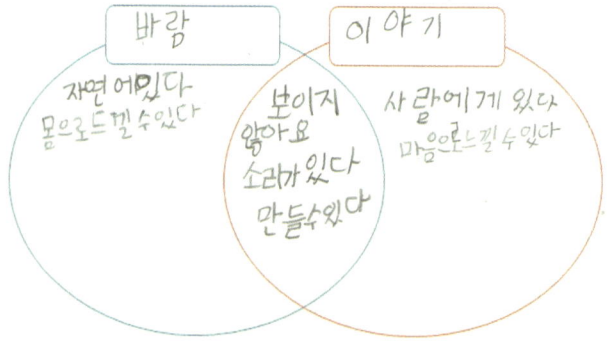

바람 — 자연에 있다 / 몸으로 느낄 수 있다
공통 — 보이지 않아요 / 소리가 있다 / 만들 수 있다
이야기 — 사람에게 있다 / 마음으로 느낄 수 있다

5. 6하 원칙에 맞게 이야기 바꿔 쓰기 (먼지 을 만났어요)

- 언제일까? 봄
- 어디에 있을까? 중국,한국
- 누가 나올까? 먼지, 소녀
- 무엇을 할까? 먼지와 친구가 된다
- 어떻게 될까? 안전한 방법을 가르쳐준다
- 왜 그렇게 될까? 건강하기를 바라서

이야기 연결해서 쓰기
봄에 중국에서 한국까지 온 먼지가 있었다. 소녀와 먼지는 친구가 되었다. 먼지는 소녀가 건강하기를 바라서 미세먼지로부터 안전한 방법을 가르쳐주었다.

슬로리딩 놀이

놀이❶ 자연물 관찰하여 그리기

주인공 팽이처럼 자연을 관찰하고 그리기 활동을 함께 해보세요.
- 집에 있는 화분을 관찰하고 그리기
- 색칠 도구와 종이를 챙겨서 야외로 나가 그리기
- 자연물을 관찰하고 그린 소감 이야기 나누기

놀이❷ 가만히 들리는 소리를 들어봐요

일상에서 들리는 다양한 소리를 민감하게 느껴보세요.
- 집 안에서는 어떤 소리가 들리는지 듣기
- 놀이터, 시장, 도서관 등에서 어떤 소리가 들리는지 듣기
- 이전에는 그 소리를 듣지 못했다면 이유 생각해보기

놀이❸ 바람을 느끼며 바람처럼 움직이기

밖에서 부는 바람을 느껴보고 바람처럼 움직여보세요.
- 밖으로 나가 바람이 느껴지는 장소 찾기
- 조용히 눈을 감고 바람의 소리 들어보기
- 바람이 몸에 닿는 것을 느껴보고 움직여보기

놀이❹ 바람의 이야기 찾기

지도에서 미국, 이집트, 한국, 프랑스의 위치와 책에 나온 장소들을 찾아보세요.
- 미국 자유의 여신상, 이집트 피라미드, 한국 경복궁, 프랑스 에펠탑을 검색하여 찾기
- 그림책의 그림과 실제 모습 비교하기
- 직접 가보고 싶은 장소와 이유 이야기 나누기

놀이❺ 바람과 사막의 여우가 만나면

바람과 여우가 사막에서 만나 무엇을 할지 상상하고 표현해보세요.
- 바람과 여우 역할 정하기
- 만나서 둘은 무엇을 할지 상상하기
- 상상한 것을 말과 행동으로 표현하기

놀이❻ 가족을 웃겨라

팽이의 친구들처럼 가족을 웃겨보세요.
- 서로 웃기기 시합을 하자고 제안하기
- 가족을 웃기기 위한 다양한 방법 생각해보기
- 서로 역할을 바꾸어 웃기고 관람하기

놀이❼ 바람의 이야기를 들려줘

마지막 장면에 바람이 팽이에게 들려준 새로운 이야기에 대해 상상하고 들려주세요.
- 어떤 그림인지 이야기 나누기
- 그림으로 이야기 만들기
- 각자가 만든 이야기를 가족에게 들려주기

놀이 동영상

chapter 4

관계와 감정

관계와 감정 01

보살핌이 필요할 때는?
《아모스 할아버지가 아픈 날》

📚 그림책 소개 (필립C. 스테드 글, 에린E. 스테드 그림, 2021, 주니어RHK)

《아모스 할아버지가 아픈 날》
ⓒ필립C. 스테드, 주니어RHK

동물원지기로 일하는 아모스 할아버지는 주전자와 숟가락에게도 상냥하게 말을 거는 분입니다. 할아버지는 늘 시간을 내어 동물들에게 꼭 필요한 친구가 되어줍니다. 어느 날 할아버지가 아파서 동물원에 못 오자, 동물들은 버스를 타고 할아버지 집으로 찾아가 할아버지가 동물들에게 했던 것처럼 할아버지를 정성껏 돌봐드립니다.

문해력이 자라는 시간

1. 표지 보며 이야기 상상하기

그림 (제목 숨기고)
무엇이 보이니? 사람과 동물이 왜 함께 있을까?
셋은 무엇을 하고 있을까?

카드놀이는 누가 왜 하자고 했을까? 사람과 동물의 기분은 어때 보여? 생쥐는 왜 풍선을 들고 있을까?
할아버지는 왜 잠옷을 입고 있을까? 할아버지 코는 왜 빨간 색일까?

제목
아모스 할아버지는 왜 아플까?
아모스 할아버지와 동물들은 어떻게 만났을까?
아모스 할아버지는 아픈데 왜 동물들과 카드놀이를 할까?
나도 최근에 아파서 힘든 적이 있었을까?

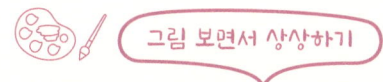

코끼리, 펭귄, 할아버지, 생쥐, 풍선이 보여요. 카드놀이를 하고 있어요. 동물원에서 사람하고 재밌게 놀아주면 동물들에게 보상을 줘요. 코끼리가 카드놀이를 좋아해서 하자고 했어요. 놀고 있으니까 기분이 좋아요. 생쥐가 게임놀이에서 이긴 사람에게 주려고 풍선을 들고 있어요. 지금은 밤이라서 할아버지가 잠옷을 입었어요. 할아버지는 감기에 걸려서 코가 빨개요.

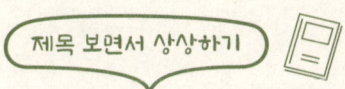

제목 보면서 상상하기

아모스 할아버지는 동물원에 있는 동물들을 돌보다가 더워서 잠바를 벗어서 감기에 걸렸어요. 할아버지는 동물들을 보살펴주는 사람이에요. 할아버지가 집에서 침대에 누워있으니까 심심해서 동물들한테 전화해서 오라고 했어요. 할아버지가 열이 많이 나서 아픈데 코끼리가 잘 돌봐줘서 나아서 카드놀이를 하자고 했어요. 나는 수족구 때문에 많이 아팠을 때 학교에 빨리 가고 싶었어요.

2. 어휘력 쑥쑥

모르는 낱말 2~3개 찾기 - 사전 찾기 - 낱말 수첩에 적고 문장 만들기

예원이의 낱말 수첩

❶ 제복 : 학교, 회사 등에서 규정에 따라 정한 옷

　문장 : 예원이가 학교 제복을 입었다.

❷ 여우비 : 다른 사람 앞에 있는 것을 부끄러워하는 태도가 있다

　문장 : 펭귄이 유치원에 처음 가서 수줍다.

3. 캐릭터 그리기

- 책 제목, 작가, 출판사 적기
- 주인공을 그리고 이름과 특징 적기
- 독서나무에 붙이기

4. '동물원' VS '야생' 공통점과 차이점 벤다이어그램

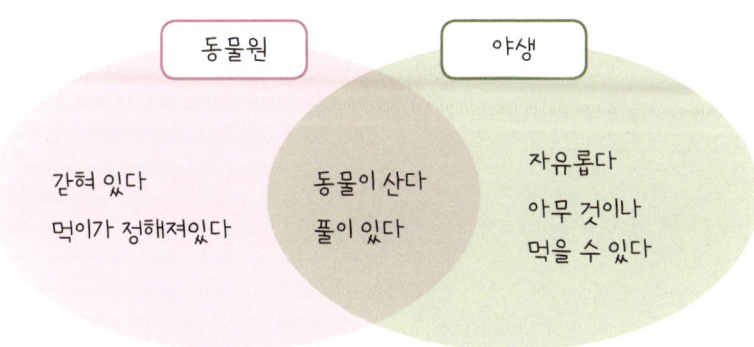

5. 6하 원칙에 맞게 이야기 바꿔 쓰기(**가 아픈 날)

- 언제일까? 봄
- 어디에 있을까? 화분
- 누가 나올까? 개나리, 벚꽃, 장미
- 무엇을 할까? 물이 부족
- 어떻게 될까? 시들다가 살아났다
- 왜 그렇게 될까? 물을 주어서

꽃들이 아픈 날

개나리, 벚꽃, 장미가 화분에 살았다. 봄에 물을 안 주어서 장미가 아팠다. 꽃가게 사장님이 물을 주어서 시들다가 살아났다.

아모스 할아버지가 아픈날
① 제복 : 학교회사등에서 규정에 따라
정한 옷
예원이가 학교 제복을 입었다.
② 수줍다 : 다른 사람 앞에 있는 것을
부끄러워하는 태도가 있다.
펭귄이 유치원에 처음 가서 수줍다

4. '동물원' VS '야생' 공통점과 차이점 벤다이어그램

동물원 / 야생
갇혀 산다
먹이가 정해져 있다
동물이 산다.
풀이있다
자유롭다
아무것이나 먹을 수있다

5. 6하 원칙에 맞게 이야기 바꿔 쓰기 (꽃들 이 아픈 날)

- 언제일까? 봄
- 어디에 있을까? 화분
- 누가 나올까? 개나리, 벚꽃, 장미
- 무엇을 할까? 물이부족
- 어떻게 될까? 시들다가 살아났다
- 왜 그렇게 될까? 물을 주어서

이야기 연결해서 쓰기
개나리, 벚꽃, 장미가
화분에 살았다.
물에 물을 안주어서
장미가 아팠다.
꽃가게 사장님이
물을 주어서 시들
다 가 살아 났다.

슬로리딩 놀이

놀이❶ 찻잔과 대화를 나눠요

할아버지가 설탕 그릇에게 말을 하는 장면을 보고 물건에게 말을 해보세요.
- 주전자에게 "컵에 물을 적당히 넣어주세요!"
- 숟가락에게 "초코가루 두 숟갈을 넣고 잘 저어주세요!"
- 컵에게 "제 입으로 와주세요!"

놀이❷ 코끼리와 궁리하는 체스

할아버지와 코끼리가 체스를 두는 장면을 보고 함께 게임을 해보세요.
- 체스, 바둑, 장기 혹은 보드게임 준비하기
- 게임하는 방법 설명하기
- 말을 움직이기 전에 궁리하고 궁리하며 말 움직이기

놀이❸ 거북이와 달리기, 숨바꼭질

할아버지와 거북이가 놀이하는 장면을 보고 달리기 경주와 숨바꼭질 놀이를 해보세요.

- 거북이처럼 천천히 달리기 혹은 빨리 달리기 경주하기
- 이불 속에 베개를 숨겨두고 어디에 사람이 숨었는지 맞추기
- 여러 명이라면 어느 이불 속에 누가 숨었는지 맞추기

놀이❹ 펭귄과 조용히 앉아 있기

할아버지와 펭귄이 함께 있는 장면을 보고 가만히 옆에 앉아 있어주세요.

- 할아버지와 펭귄이라 상상하며 말없이 조용히 앉아 있기
- 가만히 앉아있으니 어떤 느낌인지 이야기 나누기
- 한 사람이 눕고 다른 사람이 누운 사람 발을 따뜻하게 품어주기

놀이❺ 코뿔소와 손수건

할아버지와 코뿔소가 함께 있는 장면을 보고 서로 손수건으로 만져주고 놀이도 해보세요.

- 손수건으로 부드럽게 코를 만져 주기
- 손수건으로 목이나 머리를 감싸 주기
- 손수건을 코나 머리 위에 올리고 한 바퀴 돌기 놀이하기

놀이❻ 부엉이와 책 읽기

할아버지와 부엉이가 함께 있는 장면을 보고 좋아하는 책을 준비해 서로에게 읽어주세요.

- 각자 가족에게 읽어주고 싶은 그림책 가져오기
- 의자 혹은 침대에 앉아 서로 그림책 읽어주기
- 글자를 못 읽는 유아는 그림 보며 이야기 만들기

놀이❼ 버스 타고 동물원으로

동물 친구들을 만나러 버스를 타고 동물원으로 떠나보세요.
- 동물원으로 가는 버스가 있는지 확인하기
- 버스를 타고 동물원으로 가서 동물들에게 인사하기
- "코끼리 아저씨 안녕하세요", "거북아 나랑 달리기 경주해볼래"

놀이 동영상

관계와 감정 02

친구가 필요할 때는?
《내 친구 조약돌》

📚 **그림책 소개**(웬디 메도어 글, 다니엘 에그니우스 그림, 2021, 보물창고)

《내 친구 조약돌》ⓒ웬디 메도어, 보물창고

　전쟁으로 난민이 되어 텐트촌에서 생활하게 된 소녀 루브나의 이야기입니다. 루브나는 바닷가에서 조약돌을 주워 표정을 그려주고 친구가 됩니다. 아빠가 구해준 상자로 조약돌의 집도 만들어줍니다. 새로운 집을 구해 아빠와 텐트촌을 나가면서 루브나는 소중한 조약돌 친구를 텐트촌에서 만난 아미르에게 주고 떠납니다.

 문해력이 자라는 시간

1. 표지 보며 이야기 상상하기

그림(제목 숨기고)

무엇이 보이니? 아이 손에 있는 흰 색은 무엇일까?

아이는 지금 무엇을 하고 있을까? 왜 그림을 그리고 있을까?

아이가 있는 장소는 어디일까? 아이는 지금 혼자 있을까?
아이 기분은 어때 보여? 왜 그런 기분일까?
아이는 지금 만든 것으로 앞으로 무엇을 할까?

제목

조약돌이 뭘까? 조약돌이 친구가 될 수 있을까?
아이는 왜 조약돌을 친구로 삼았을까?
아이에게는 사람 친구는 없는 걸까? 왜 그렇게 생각하니?
물건이 친구가 될 수도 있을까? 왜 그렇게 생각하니?
나에게도 특별한 친구가 있을까?

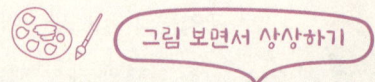

사람, 색연필, 머리핀이 보여요. 아이 손에 있는 것은 종이, 색종이 같아요. 스마일을 그리고 있어요. 그림을 방에 걸어두려고요. 아이는 집에서 이불 위에 앉아 있는 것 같아요. 다른 친구들과 친하지 않아서 아이는 혼자 있어요. 지금 친구들이 놀려서 슬퍼요. 친구와 다시 친해지고 싶어서 친구에게 선물을 만들어줘요.

> 제목 보면서 상상하기

조약돌은 바다에서 주운 돌 같아요. 살아있는 돌이라서 친구가 될 수 있어요. 친구들이 자주 놀려서 나만의 친구를 만들었어요. 얘는 보통 사람들이랑 다르게 생겨서 아이들이 잘 놀아주지 않아요. 우리 집 폭신폭신 소파는 누워서 내 친구가 될 수 있어요. 나무도 친구예요. 로봇 청소기에게 먼지 먹으라고 말해요.

2. 어휘력 쑥쑥

모르는 낱말 2~3개 찾기 - 사전 찾기 - 낱말 수첩에 적고 문장 만들기

예원이의 낱말 수첩

❶ 한 숨 : 걱정이 있을 때 길게 몰아서 내쉬는 숨

  문장 : 학원을 열 개 다녀서 한 숨이 나왔다.

❷ 중얼거리다 : 남이 잘 알아듣지 못하게 낮은 목소리로 말하다

  문장 : 친구와 싸워서 중얼거렸다.

3. 캐릭터 그리기

- 책 제목, 작가, 출판사 적기
- 주인공을 그리고 이름과 특징 적기
- 독서나무에 붙이기

4. '친구' VS '부모님' 공통점과 차이점 벤다이어그램

친구 | 부모님

같이 안 산다 / 사랑한다 / 같이 산다
많이 논다 / 이야기한다 / 적게 논다
안 닮았다 / 소중하다 / 닮았다

5. 6하 원칙에 맞게 이야기 바꿔 쓰기 (내 친구 **)

- 언제일까? 학원 갈 때
- 어디에 있을까? 학원 앞
- 누가 나올까? 벚꽃
- 무엇을 할까? 벚꽃 목걸이 선물
- 어떻게 될까? 친구가 생긴다
- 왜 그렇게 될까? 꽃이 예뻐서

내 친구 벚꽃나무

학원 갈 때 학원 앞에 있는 벚꽃 나무와 친구가 되었다. 나무에게 친구가 생기라고 목걸이를 선물했다. 꽃이 예뻐서 벚꽃나무에게 친구가 많이 생겼다.

내친구 조약돌
① 한숨: 걱정이 있을 때 길게 몰아서 내쉬는 숨
학원을 열개 다녀서 한숨이 나왔다

② 중얼거리다: 남이 잘 알아듣지 못하게
낮은 목소리로 자꾸 말하다.
친구와 싸워서 중얼거렸다

4. '친구' VS '부모님' 공통점과 차이점 벤다이어그램

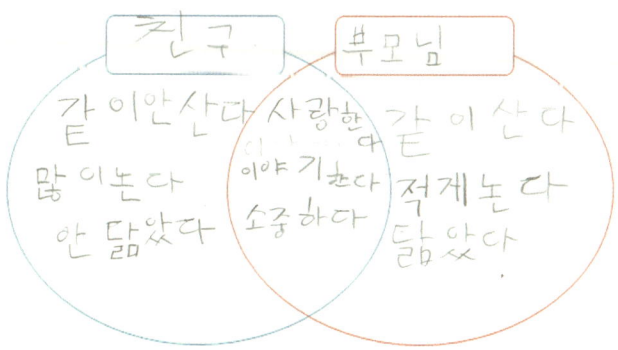

친구 / 부모님
같이 안 산다   사랑한다   같이 산다
많이 논다   이야기한다   적게 논다
안 닮았다   소중하다   닮았다

5. 6하 원칙에 맞게 이야기 바꿔 쓰기 (내 친구 벚꽃나무)

- 언제일까? 학원 갈때
- 어디에 있을까? 학원 앞
- 누가 나올까? 벚꽃
- 무엇을 할까? 벚꽃목걸이 선물
- 어떻게 될까? 친구가 생긴다
- 왜 그렇게 될까? 꽃이 예뻐서

이야기 연결해서 쓰기
학원 갈때 학원 앞에 있는 벚꽃나무와 친구가 되었다. 벚꽃나무에게 친구가 생긴다고 목걸이를 선물 했다. 꽃이 예뻐서 벚꽃나무에게 친구가 많이 생겼다

슬로리딩 놀이

놀이❶ 조약돌을 찾아라

강변이나 바다에서 조약돌을 찾아 보세요.
- 조약돌을 찾을 수 있는 곳으로 출발
- 마음에 드는 조약돌 몇 개 찾기
- 가장 마음에 드는 한 개만 선택 하기

놀이❷ 조약돌 꾸며주기

루브나처럼 조약돌에게 얼굴을 그려주세요.
- 조약돌을 깨끗이 씻고 닦기
- 네임펜, 매직 등으로 조약돌에게 표정 그리기
- 조약돌에게 어울리는 이름 지어 주기

놀이❸ 조약돌 집 만들어주기

루브나의 아빠처럼 조약돌에게 집을 만들어주세요.
- 조약돌 집이 될 수 있는 상자 준비하기
- 상자의 안과 밖 꾸미기
- 상자 안에 천이나 솜 넣어주기

놀이❹ 조약돌에게 나의 이야기 들려주기

루브나가 조약돌에게 이야기 하는 장면을 보고 조약돌에게 말을 걸어 보세요.
- 조약돌의 이름 불러주기
- 오늘 있었던 일이나 하고 싶은 이야기 들려주기
- 조약돌에게 말한 느낌을 이야기 나누기

놀이❺ 별빛 아래서 술래잡기

루브나와 아미르가 별빛 아래서 술래잡기한 장면을 보고 별빛 아래서 놀아보세요.

- 밤에 안전하게 놀 수 있는 장소로 가기
- 가족, 친구들과 술래잡기와 여러 놀이 함께 하기
- 밤과 낮에 하는 놀이의 차이점 이야기 나누기

놀이❻ 조약돌 친구 선물하기

루브나가 아미르에게 조약돌을 선물하는 장면을 보고 조약돌 친구를 선물해보세요.

- 조약돌 친구가 필요한 친구가 있는지 생각하기
- 나의 조약돌을 주거나 새로 꾸민 조약돌 선물하기
- 친구의 반응에 대해 이야기 나누기

놀이❼ 특별한 친구 사귀기

사람이 아닌 다른 친구를 또 만들어보세요.
- 조약돌처럼 꾸밀 수 있다면 꾸며주기
- 새로 찾은 친구에게 이름 지어주기
- 새로운 친구를 사귄 느낌 이야기 나누기

놀이 동영상

관계와 감정 03

쉼터가 필요할 때는?
《제라드의 우주쉼터》

📚 그림책 소개 (제인 넬슨 글, 빌 쇼어 그림, 2018, 교실어린이)

《제라드의 우주쉼터》
ⓒ제인 넬슨, 교실어린이

아이 스스로 감정을 조절할 수 있도록 돕는 긍정 훈육의 방법들을 이야기 속에서 알려줍니다. 아빠 생일 선물로 만든 그릇을 깨트려 속상하고 화가 난 제라드를 엄마는 먼저 안아주고 화가 나더라도 하면 안 되는 행동에 대해 알려줍니다. 그리고 엄마는 긍정의 타임아웃 공간을 제라드가 스스로 만드는 것을 도와줍니다.

문해력이 자라는 시간

1. 표지 보며 이야기 상상하기

그림(제목 숨기고)
무엇이 보이니? 여기는 어디일까? 종이 상자가 무엇처럼 보이니?
아이 기분이 어때 보여? 아이가 기분이 좋은 이유는 뭘까?

우주에 가보고 싶니? 우주선을 직접 본 적 있니?
꼭 가고 싶은 장소가 있니? 누구와 함께 가고 싶니?

제목

우주는 어떤 곳일까? 쉼터는 어떤 곳일까? 우주쉼터는 어떤 곳일까?
제라드의 우주쉼터는 누가 만들었을까?
제라드는 어떨 때 우주쉼터로 갈까?
나도 쉼터가 필요할까? 어디에 어떤 쉼터가 있으면 좋을까?

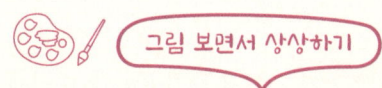 그림 보면서 상상하기

종이 상자, 사람, 동그라미, 태양이 보여요. 방에 우주를 그린 것 같아요. 상자로 로켓을 만들어서 타고 있어요. 상자에 그림을 그리면 진짜가 되어요. 로켓을 그려서 타고 우주로 가고 있어요. 우주로 가고 있어서 설레고 재밌어요. 우주가 어떻게 생겼는지, 지구보다 더 큰 우주가 궁금해요. 뉴스에서 우주선 봤어요. 나는 사촌들이랑 캠핑을 가고 싶어요.

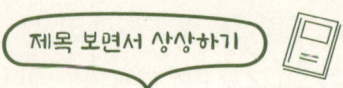

우주는 지구를 넘어서 지구보다 더 큰 거예요. 쉼터는 쉬는 공간이에요. 별에 띠모양이 있는데 여기가 우주에 쉬는 곳이에요. 진짜 우주가 아니고 제라드가 만든 거예요. 제라드는 큰 종이에 크레파스로 그려서 붙였어요. 제라드는 아늑한 공간에서 쉬고 싶을 때 쉼터로 가요. 나는 쉴 공간이 없어서 쉬는 곳이 필요해요. 엄마 침대가 폭신해서 좋아요.

2. 어휘력 쑥쑥

모르는 낱말 2~3개 찾기 - 사전 찾기 - 낱말 수첩에 적고 문장 만들기

예원이의 낱말 수첩

❶ 대꾸 : 남이 한 말을 받아 거슬리게 말을 함

　문장 : 친구가 기분 나쁘게 대꾸했다.

❷ 애꿎다 : 아무런 잘못 없이 어떤 일을 당하여 억울하다

　문장 : 애꿎은 소파를 손으로 쳤다.

3. 캐릭터 그리기

- 책 제목, 작가, 출판사 적기
- 주인공을 그리고 이름과 특징 적기
- 독서나무에 붙이기

4. '쉼터' VS '일터' 공통점과 차이점 벤다이어그램

쉼터 / 일터

일을 하지 않는다
좋아하는 사람이 많다
편안하다

간다
장소
사람이 있다

일한다
좋아하는 사람이 적다
힘들다

5. 6하 원칙에 맞게 이야기 바꿔 쓰기 (** 쉼터)

- 언제일까? 가을
- 어디에 있을까? 지하실
- 누가 나올까? 나
- 무엇을 할까? 마법소녀를 만난다
- 어떻게 될까? 나는 유명해진다
- 왜 그렇게 될까?
  마법 소녀에게 마법을 배워서

나의 비밀 쉼터

어느 가을에 나는 지하실 안으로 내려갔다. 그 곳에서 마법 소녀를 만났다. 우리는 지하실을 비밀 쉼터로 만들었다. 나는 마법 소녀에게 마법을 배워서 유명해진다.

관계와 감정

제라드의 우주쉼터
① 대꾸: 남이 한 말을 받아 거슬리게 말을 함.
친구가 기분 나쁘게 대꾸했다.
② 애꿎다: 아무런 잘못 없이 어떤 일을 당하여 억울하다.
애꿎은 쇼파를 손으로 쳤다.

4. '쉼터' VS '일터' 공통점과 차이점 벤다이어그램

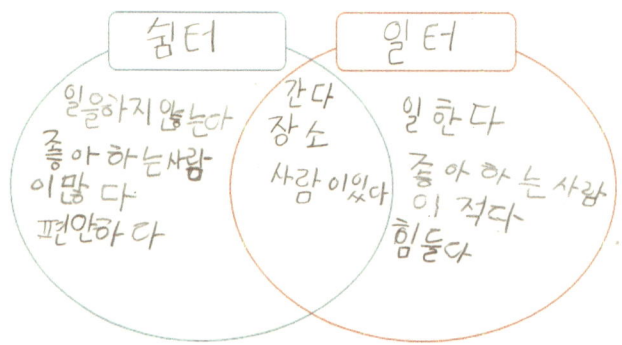

쉼터: 일을 하지 않는다 / 좋아하는 사람이 많다 / 편안하다
공통: 간다 / 장소 / 사람이 있다
일터: 일한다 / 좋아하는 사람이 적다 / 힘들다

5. 6하 원칙에 맞게 이야기 바꿔 쓰기 (나의 비밀 쉼터)

- 언제일까? 가을
- 어디에 있을까? 지하실
- 누가 나올까? 나
- 무엇을 할까? 마법소녀를 만난다
- 어떻게 될까? 나는 유명해진다
- 왜 그렇게 될까? 마법소녀에게 마법을 배워서

이야기 연결해서 쓰기

어느 가을에 나는 지하실으로 내려갔다 그곳에서 마법소녀를 만났다. 우리는 지하실을 비밀쉼터로 만들었다. 나는 마법소녀에게 마법을 배워서 유명해진다.

슬로리딩 놀이

놀이❶ 화가 났을 때 푸는 방법 브레인스토밍

제라드가 화가 났을 때 엄마가 어떻게 제라드에게 도움을 주었는지 살펴보고 화를 푸는 새로운 방법들을 떠올려보세요.

- 나에게도 도움이 될 것 같은 방법에 대해 이야기 나누기
- 화를 풀 수 있는 다른 방법을 많이 떠올리고 적기
- 새로운 방법들을 적용하고 소감 나누기

놀이❷ 깊은 숨 쉬기 연습

제라드가 화가 났을 때 깊은 숨을 쉬는 장면을 보고 함께 해보세요.

- 천천히 깊은 숨을 들이마시고 내쉬기
- 깊은 숨을 쉬는 것이 화를 푸는 데 어떤 도움이 될지 이야기 나누기
- 깊게 숨을 쉬는 연습을 충분히 한 다음 느낌 이야기 나누기

놀이❸ 쉼터에 가면 있고

'시장에 가면' 게임 응용으로 기억력 놀이를 해보세요.
- 앞 사람의 말에 하나씩 추가하기
- 쉼터에 가면 인형도 있고
- 쉼터에 가면 인형도 있고, 과자도 있고

놀이❹ 나의 쉼터 계획하기

집에서 쉼터를 만들 수 있는 곳을 찾아보세요.
- 집을 돌아보며 어떤 곳이 좋을지 후보지 고르기
- 각 후보지마다 장점과 단점 적기
- 후보지 중에 가장 좋은 곳으로 결정하기

	장점	단점
부모님방	푹신푹신한침대	아빠 에 지독한 냄새가 난다
거실	넓고 티비도 있다	시끄럽다
베란다	공기가 좋다 숨같다	춥다
공부방	책상 아래가 아늑하다	책상 밑에 박 욕다

놀이⑤ 나의 쉼터 만들기

결정한 장소에 쉼터를 만들어보세요.
- 쉼터에 있으면 괜찮을 물건들을 가져가기
- 쉼터에서 내가 좋아하는 활동하기
- 쉼터를 사용한 느낌 이야기 나누기

놀이⑥ 가족의 선물 만들기

제라드가 아빠에게 선물을 드린 것처럼 가족에게 선물을 전해보세요.
- 선물을 드리고 싶은 분 정하기
- 그림을 그리거나 꽃을 접거나 다양한 방법으로 선물 준비하기
- 가족에게 뽀뽀와 사랑의 말과 함께 전달하기

놀이❼ 기분을 맞춰봐!

화가 난 감정 이외에 사람이 느끼는 다양한 감정에 대해 이야기 나누고 표정을 보고 서로의 기분을 맞춰보세요.
- 어떤 상황을 떠올리며 표정 짓기
- 상대의 표정을 보고 기분 맞추기
- 어떤 상황에서 그런 기분이 드는지 말해주기

놀이 동영상

chapter 5

언어

언어 01

너도 인쇄하고 싶니?
《걱정 마, 오리 인쇄소》

 그림책 소개(카테리나 사드 지음, 2021, 키다리)

《걱정 마, 오리 인쇄소》
ⓒ카테리나 사드, 키다리

농장 주인이 떠나고 남겨진 오리들은 글자를 배워서 광고를 내기로 합니다. 오리를 돌봐줄 사람을 찾는 광고입니다. 블루베리 으깬 물감으로 글자를 쓰려고 하지만 엉망이 되어 버립니다. 오리들이 찍은 그림을 고슴도치 아저씨가 갖고 싶어 사과와 교환해 갑니다. 오리들은 다른 동물과도 물물교환을 하고 글씨도 완벽하게 익히게 됩니다.

 문해력이 자라는 시간

1. 표지 보며 이야기 상상하기

그림(제목 숨기고)
무엇이 보이니? 무슨 동물일까? 여기는 어디일까?
오리들은 무엇을 보고 있을까?

오리들 표정이 어때 보여? 오리들에게 무슨 일이 있는 걸까?

오리들은 무슨 생각을 하고 있을까?

오리 한 마리는 왜 안경을 쓰고 있을까?

오리들처럼 입이 튀어나오면 좋은 점은? 불편한 점은?

제목

인쇄가 뭘까? 인쇄소가 뭘까? 오리 인쇄소가 뭘까?

오리들이 인쇄소를 하는 걸까? 오리들은 무엇을 인쇄할까?

누가 걱정하지 말라고 말하는 걸까? 왜 걱정하지 말라고 말하는 걸까?

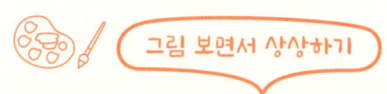

동물, 페인트가 보여요. 오리예요. 동물원인데 거울에 페인트를 쏟아서 자기 얼굴을 보고 있어요. 오리들은 걱정이 되는 것 같아요. 오리가 동물원에서 사람을 괴롭혀서 쫓겨나요. 오리들은 여기서 어떻게 탈출 할지 생각하고 있어요. 공부를 잘 하는 오리라서 안경을 쓰고 있어요. 입이 튀어나오면 바닥에 떨어진 음식을 입으로 집기 쉬워요. 입이 튀어나와서 바로 아래를 보기가 힘들어요.

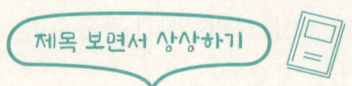
제목 보면서 상상하기

인쇄는 종이를 뽑는 거예요. 인쇄소는 인쇄를 하는 방이에요. 오리 인쇄소는 오리가 인쇄하는 곳이에요. 오리들은 동물원에서 탈출하는 방법을 인쇄해요. 안경 쓴 오리가 다른 오리들한테 말하고 있어요. 여기에서 탈출하는데 실패는 없으니까 걱정하지 말라고 말해요. 탈출 계획을 완전 잘 짰거든요.

2. 어휘력 쑥쑥

모르는 낱말 2~3개 찾기 - 사전 찾기 - 낱말 수첩에 적고 문장 만들기

예원이의 낱말 수첩

❶ 외딴 : 따로 떨어져 있는
   문장 : 외딴 마을에 동물들이 살았다.

❷ 태산 : 크고 많음
   문장 : 공부가 태산 같아서 걱정이다.

3. 캐릭터 그리기

- 책 제목, 작가, 출판사 적기
- 주인공을 그리고 이름과 특징 적기
- 독서나무에 붙이기

4. '글' VS '그림' 공통점과 차이점 벤다이어그램

글 / 그림

글: 한글을 쓴다, 쓴다, 아기는 못쓴다
공통: 손으로 한다, 종이에 한다, 생각해야 한다
그림: 한글을 안 쓴다, 그린다, 아기도 할 수 있다

5. 6하 원칙에 맞게 이야기 바꿔 쓰기 (** 인쇄소)

- 언제일까? 소풍간 날
- 어디에 있을까? 마법의 나무
- 누가 나올까? 어린이
- 무엇을 할까? 방문에 그림을 그린다
- 어떻게 될까? 그림이 진짜가 된다
- 왜 그렇게 될까?
  마법 할아버지가 마법을 걸어서

신기한 방 인쇄소

소풍간 날 어린이는 마법의 나무를 찾았다. 나무문을 열고 들어갔더니 또 문이 있었다. 문에 그림을 그리고 문을 열었더니 그림이 진짜가 되었다. 그 방은 마법 할아버지가 마법을 걸어서이다.

걱정 마오리인 쇄소
① 외딴: 따로 떨어져 있는
외딴 마을에 동물들이 살았다.

② 태산: 크고 많음
공부가 태산 같아서 걱정이다.

4. '글' VS '그림' 공통점과 차이점 벤다이어그램

글 / 그림

- 한글을 쓴다
- 쓴다
- 아기는 못쓴다

- 손으로 한다
- 종이에 한다
- 생각해야 한다

- 한글을 쓰지 않는다
- 그린다
- 아기도 할 수 있다

5. 6하 원칙에 맞게 이야기 바꿔 쓰기 (신기한 밥 인쇄소)

- 언제일까? 소풍 간 날
- 어디에 있을까? 마법의 나무
- 누가 나올까? 어린이
- 무엇을 할까? 방문에 그림을 그린다
- 어떻게 될까? 그림이 진짜가 된다
- 왜 그렇게 될까? 마법 할아버지가 마법을 걸어서

이야기 연결해서 쓰기
소풍 간 날 어린이는 마법의 나무를 찾았다. 나무문을 열고 들어갔더니 또 문이 있었다. 문에 그림을 그리고 문을 열었더니 그림이 진짜가 되었다. 그방은 마법 할아버지가 마법을 걸어서이다.

 **슬로리딩 놀이**

놀이❶ 가갸거겨 한글 교실

오리들이 글자를 배운 것처럼 글자판을 준비하여 읽기 연습을 해보세요.
- 선생님과 학생 역할 정하기
- 선생님이 한 글자 혹은 한 줄씩 말하면 학생이 따라 읽기
- 끝말잇기, 초성 퀴즈 등의 말놀이도 하기

놀이❷ 광고 만들기

오리들이 만들려고 했던 광고문을 보고 필요한 광고문을 만들어보세요.
- 광고가 무엇인지 알아보고 다양한 광고문 보기
- 만들고 싶은 광고문 생각하기
- 그림 혹은 사진과 문구를 넣어 광고문 만들기

놀이❸ 블루베리 물감으로 글자 쓰기

오리들이 만든 블루베리 물감을 만들어 사용해보세요.
- 블루베리를 으깨어 물감 만들기
- 손가락 혹은 붓으로 종이 위에 글자 혹은 그림 그리기
- 과일 물감과 일반 물감 비교해 보기

놀이❹ 손바닥 발바닥 그림

오리들이 찍은 발바닥 그림을 보고 손바닥 발바닥 그림을 찍어보세요.
- 흰 손수건 혹은 흰 수건 준비하기
- 블루베리 물감으로 손바닥 발바닥 찍으며 무늬 만들기
- 내가 사용하거나 필요한 사람에게 선물하기

놀이⑤ 과일, 채소 도장 놀이

도장으로 사용할 수 있는 과일과 채소를 준비해서 도장 찍기 놀이를 즐겨보세요.

- 자를 수 있는 단단한 과일과 채소 준비하기
- 반으로 자른 단면에 물감을 묻혀 무늬 찍기
- 어른의 도움을 받아 글자나 그림 새겨 찍기

놀이⑥ 우리 집 인쇄소

오리들이 글자를 익힌 다음 어떤 것들을 인쇄하였을지 상상해보고 우리 집 인쇄소도 만들어보세요.

- 친구와 친척들에게 줄 인쇄물 생각하기
- 종이에 도장을 찍은 그림을 선물하기
- 무늬를 찍고 편지를 써서 선물하기

놀이❼ 물물 교환 놀이

오리와 동물들이 그림과 음식을 교환한 것처럼 친구와 물물 교환을 해보세요.

- 친구와 지금 사용하지 않는 물건을 가져와 교환하기로 약속하기
- 약속한 장소에서 만나 물건 교환하기
- 물건을 교환하여 사용하는 것에 대해 이야기 나누기

놀이 동영상

언어 02

너도 호기심이 많니?
《호기심 많은 청개구리 펠릭스》

 그림책 소개 (제인 클라크 글, 브리타 테큰트럽 그림, 2021, 사파리)

《호기심 많은 청개구리 펠릭스》
ⓒ제인 클라크. 사파리

책을 읽는 아이가 직접 손뼉을 치고 숫자도 외치며 상호작용하는 그림책입니다. 호기심이 많은 꼬마 청개구리 펠릭스는 숲속을 뛰어다니다 길을 잃게 됩니다. 숲 속에서는 다양한 소리가 나는데 펠릭스는 그때마다 깜짝 놀랍니다. 책을 읽으며 다양한 의성어와 의태어 소리를 듣고 아이가 무슨 소리인지 상상할 시간을 주세요.

 문해력이 자라는 시간

1. 표지 보며 이야기 상상하기

그림(제목 숨기고)

무엇이 보이니? 여기는 어디일까? 개구리는 어디를 보고 있을까? 초록점이 있는 파란색 곤충은 무슨 말을 하고 있을까?

옆에 다른 개구리들이 함께 있을까?
개구리의 몸 색깔이 알록달록 한 이유는 뭘까?
이 개구리에게 앞으로 어떤 일이 생길까?

제목

호기심은 뭘까? 호기심이 많은 것은 좋은 걸까?
나는 어떤 것에 호기심이 많을까? 개구리는 어떤 것에 호기심이 많을까?
개구리가 호기심이 많게 된 이유가 있을까?
호기심이 많은 개구리는 살아가는데 좋은 점이 많을까?
호기심 때문에 위험한 일도 있을까?

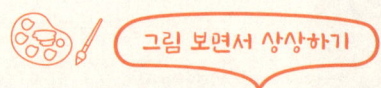

개구리, 나무, 무당벌레가 보여요. 여기는 숲이에요. 개구리는 나비를 잡아먹으려고 보고 있어요. 파란 곤충이 나보다 나비가 더 맛있으니까 나비를 먹으라고 말해요. 다른 개구리도 놀려고 오고 있어요. 다양한 곤충을 먹어서 개구리 몸 색깔이 다양해졌어요. 색깔이 바뀌면 숨을 수 있어서 좋겠어요. 개구리는 새로운 숲으로 가요.

> 제목 보면서 상상하기

호기심은 궁금한 거예요. 호기심이 많으면 물어보니까 똑똑해져요. 엄마는 회사 가서 뭐하는지, 운전은 어떻게 하는지 궁금해요. 개구리는 점프 잘하는 방법이 궁금해요. 개구리가 똑똑해지고 싶어서 책을 많이 봐서 호기심이 많아졌어요. 개구리가 호기심이 많으면 먹이를 많이 알게 돼요. 위험한 동물한테 물어보다가 다칠 수도 있어요.

2. 어휘력 쑥쑥

모르는 낱말 2~3개 찾기 - 사전 찾기 - 낱말 수첩에 적고 문장 만들기

예원이의 낱말 수첩

❶ 다독거리다 : 가볍게 가만 가만 손으로 잇따라 두드리다

　문장 : 우는 친구를 다독거리다.

❷ 느긋하다 : 마음에 여유가 있고 넉넉하다

　문장 : 느긋하게 티비를 보았다.

3. 캐릭터 그리기

- 책 제목, 작가, 출판사 적기
- 주인공을 그리고 이름과 특징 적기
- 독서나무에 붙이기

4. '나무' VS '바위' 공통점과 차이점 벤다이어그램

나무 / 바위

- 자란다
- 먹을 수 있다

- 딱딱하다
- 오래 산다

- 자라지 않는다
- 먹을 수 없다

5. 6하 원칙에 맞게 이야기 바꿔 쓰기 (호기심 많은 ***)

- 언제일까? 옛날
- 어디에 있을까? 왕국
- 누가 나올까? 필릭스, 왕비
- 무엇을 할까? 왕비님 잔디에 폭탄
- 어떻게 될까? 왕비님이 용서
- 왜 그렇게 될까?
  호기심 때문이니까

호기심 많은 아이 필릭스

옛날에 어느 왕국에 호기심 많은 필릭스가 살았다. 왕비님 잔디에 폭탄을 던졌다. 왕비님은 호기심 때문이니까 용서해주었다.

호기심많은청개구리펠릭스
① 다독거리다: 가볍게 가만가만 손으로 잇따라 두드리다.
우는 친구를 다독거리다.

② 느긋하다: 마음에 여유가 있고 넉넉하다.
느긋하게 티비를 보았다.

4. '나무' VS '바위' 공통점과 차이점 벤다이어그램

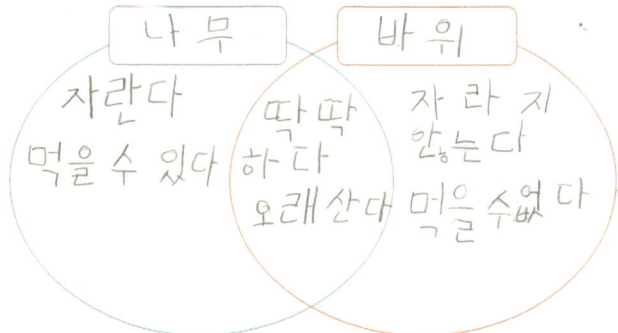

나무 — 자란다, 먹을 수 있다
(공통) 딱딱하다, 오래산다
바위 — 자라지 않는다, 먹을 수 없다

5. 6하 원칙에 맞게 이야기 바꿔 쓰기 (호기심 많은 아이 필릭스)

- 언제일까? 옛날
- 어디에 있을까? 왕국
- 누가 나올까? 필릭스 왕비
- 무엇을 할까? 왕비님 잔디 폭탄
- 어떻게 될까? 왕비님이 용서
- 왜 그렇게 될까? 호기심 때문이니까

이야기 연결해서 쓰기

옛날에 어느 왕국에 호기심 많은 필릭스가 살았다. 왕비님 잔디에 폭탄을 던졌다. 왕비님은 호기심 때문이니까 용서를 해주었다.

슬로리딩 놀이

놀이❶ 의성어, 의태어 짝 찾기

책에 나오는 의성어, 의태어를 찾아서 읽어보고 동물과 의성어, 의태어 단어를 연결하는 놀이를 해보세요.
- 동물과 연결되는 의성어, 의태어 카드 만들기
- 카드 앞면이 보이게 섞어 놓고 알맞은 짝 연결하기
- 카드를 안 보이게 뒤집어두고 기억하여 짝 찾기

놀이❷ 의성어, 의태어 몸으로 표현하고 맞추기

의성어, 의태어 카드를 말없이 몸으로만 표현하고 어떤 단어인지 맞춰 보세요.
- 순서를 정해 의성어, 의태어 카드 뽑기
- 의성어와 의태어를 소리 없이 몸으로만 표현하기
- 어떤 단어인지 맞추고 동작을 함께 해보기

놀이❸ 폴짝 폴짝 뛰며 앞으로

청개구리 펠릭스처럼 폴짝 폴짝 뛰어보세요.
- 방석이나 책을 개구리밥이라고 생각하기
- 가위바위보해서 이기면 한 칸씩 폴짝 뛰기
- 색종이로 개구리를 접고 앞으로 뛰기 시합하기

놀이❹ 느긋한 거북이처럼 움직이기

책 속 거북이 느긋하게 움직이는 장면을 보고 거북이 되어보세요.
- 바닥에 누워 거북이 자세를 취하기
- 최대한 느긋하게 움직이기
- 물가에 도착하면 첨벙첨벙 물장구치기

놀이⑤ 내가 최고의 멋쟁이야!

멋쟁이 무당벌레가 나오는 장면을 보고 최고의 멋쟁이가 되어보세요.
- 집에 있는 옷이나 물건을 활용하여 멋 부리기
- 모델처럼 거실 끝에서 끝까지 걸어보기
- 우리 가족 최고의 멋쟁이 뽑기

놀이⑥ 원숭이처럼 공을 던져!

원숭이들이 코코넛 껍데기를 던지는 장면을 보고 공을 던져보세요.
- 집에서 안전하게 던질 수 있는 것 찾기
- 신문지를 뭉쳐서 공을 만들 수도 있음
- 목표 지점(빨래 바구니)을 정해 공 던져 넣기

놀이❼ 손뼉 소리를 듣고 도망쳐!

뱀이 개구리를 쫓는 장면을 보고 뱀과 도망치는 개구리가 되어보세요.
- 안전하게 움직일 수 있는 공간을 만들고 안대나 수건으로 눈 가리기
- 심판은 뱀이 개구리 가까이 다가오면 박수를 쳐서 알려주기
- 시간을 정해놓고 뱀에게 잡히지 않으면 개구리가 이김

놀이 동영상

언어 03

너도 책 읽는 고양이 봤니?
《도서관 고양이》

📚 그림책 소개 (최지혜 글, 김고둥 그림, 2020, 한울림어린이)

《도서관 고양이》ⓒ최지혜,
한울림어린이

강화도 바람숲그림책도서관 고양이를 모티브로 만들어진 그림책입니다. 어느 봄날 고양이 레오는 책을 보는 아이들이 신기해 밤에 도서관 안으로 들어옵니다. 재미있는 그림책에 반한 레오는 밤마다 그림책에 빠져 신기한 여행을 떠나게 됩니다. 책 속 주인공을 만나고 굉장한 모험도 합니다. 레오는 아이들과도 친구가 되어 도서관 고양이가 됩니다.

문해력이 자라는 시간

1. 표지 보며 이야기 상상하기

그림(제목 숨기고)
무엇이 보이니? 여기는 어디일까? 왜 그렇게 생각하니?
고양이가 왜 여기에 있을까? 고양이는 무엇을 보고 있을까?

고양이는 지금 무슨 생각을 하고 있을까?

고양이는 앞으로 어떤 행동을 할까?

책은 누가 어질렀을까? 의자 위에 왕관이 왜 있을까? 누구의 왕관일까?

제목

도서관은 어떤 곳이니? 고양이 이름이 왜 도서관 고양이일까?

이 고양이는 도서관에서 살고 있을까?

고양이가 도서관에 있으면 좋은 점이 있을까?

도서관 고양이는 어떤 책을 좋아할까? 나도 도서관 어린이가 되고 싶을까?

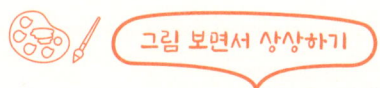

고양이, 책, 의자, 왕관이 보여요. 책이 많으니까 도서관이에요. 사람들이 책 읽는 소리를 듣고 왔어요. 고양이는 밤에 몰래 왔어요. 고양이는 책을 먹으려고 왔어요. 고양이가 책을 몰래 가져가요. 특별한 도서관이라서 먹을 수 있는 책이에요. 책은 아이들이 책 읽다가 그냥 가서 어질러졌어요. 고양이가 왕관을 잃어버려서 찾으러 왔어요. 왕관을 쓰면 순간이동을 할 수 있어요.

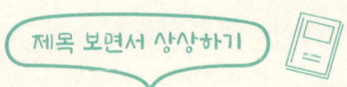
제목 보면서 상상하기

도서관은 책 읽는 곳이에요. 주인 없는 고양이를 도서관 주인이 데려와서 도서관을 지키는 경비 고양이가 되었어요. 사람들이 책 읽는 것보고 따라 읽다가 국내 최초로 책 읽는 고양이가 되었어요. 고양이가 도서관을 돌아다니면서 책을 배달해요. 고양이 때문에 도서관이 유명해져요. 고양이는 생쥐, 물고기가 나오는 책을 좋아해요. 나도 책이 좋아요.

2. 어휘력 쑥쑥

모르는 낱말 2~3개 찾기 – 사전 찾기 – 낱말 수첩에 적고 문장 만들기

예원이의 낱말 수첩

❶ 나른하다 : 몸이 피곤하여 기운이 없다

　문장 : 공부할 때 나른하다.

❷ 사락사락 : 무엇이 자꾸 가볍게 쓸리거나 맞닿는 소리

　문장 : 나무가 사락사락 흔들린다.

3. 캐릭터 그리기

- 책 제목, 작가, 출판사 적기
- 주인공을 그리고 이름과 특징 적기
- 독서나무에 붙이기

4. '고양이' VS '개' 공통점과 차이점 벤다이어그램

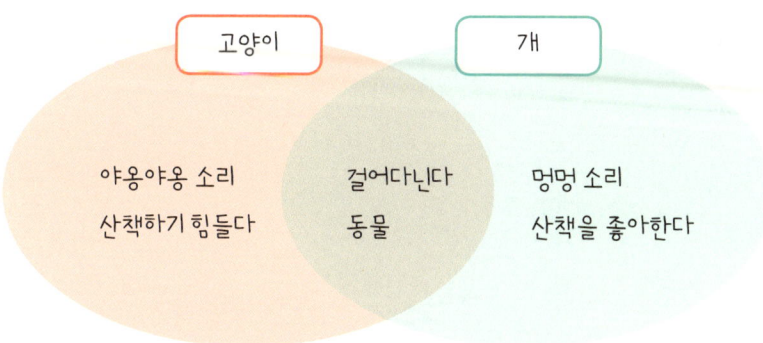

5. 6하 원칙에 맞게 이야기 바꿔 쓰기(** 고양이)

- 언제일까? 가을
- 어디에 있을까? 태권도장
- 누가 나올까? 사부님 아이들
- 무엇을 할까? 태권도를 배운다
- 어떻게 될까?
  고양이 태권도 대회 우승
- 왜 그렇게 될까?
  친구들을 행복하게

태권도 고양이

가을에 태권도장에 고양이가 왔다. 사부님과 아이들에게 태권도를 배웠다. 친구들을 행복하게 하려고 고양이 태권도에 나가 우승을 하였다.

도서관고양이
① 나른하다 : 몸이 피곤하여 기운이없다.
공부할때나른하다

② 사락사락 : 무엇이 자꾸 가볍게
쓸리거나 맞닿는소리
나무가 사락사락 흔들린다

4. '고양이' VS '개' 공통점과 차이점 벤다이어그램

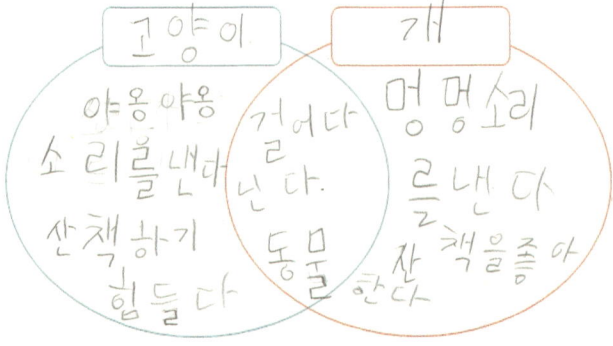

고양이: 야옹야옹 소리를낸다, 산책하기 힘들다
공통: 걸어다닌다, 동물
개: 멍멍소리를 낸다, 산책을좋아한다

5. 6하 원칙에 맞게 이야기 바꿔 쓰기 (태권도 고양이)

- 언제일까? 가을
- 어디에 있을까? 태권도장
- 누가 나올까? 사부님 아이들
- 무엇을 할까? 태권도를 배운다
- 어떻게 될까? 고양이태권도대회 우승
- 왜 그렇게 될까? 친구들을 행복하게

이야기 연결해서 쓰기

가을에 태권도장에 고양이가 왔다. 사부님과 아이들에게 태권오를 배웠다. 친구들을 행복하게 할려고 고양이태권도에 나가 우승을 하였다.

 **슬로리딩 놀이**

놀이❶ 동네 도서관 나들이 가기

우리 동네 도서관으로 가서 책을 읽고 가족에게 소개해보세요.
- 어린이 자료실에서 마음에 드는 책 찾기
- 고양이가 나오는 책도 찾아 읽어 보기
- 가족에게 각자가 읽은 책 소개하기

놀이❷ 고양이 자세 따라 하기

책 속에 고양이가 몸을 푸는 장면을 보고 고양이가 되어보세요.
- 지붕 위에서 몸을 풀고 있는 고양이의 자세 관찰하기
- 등을 최대한 위로 올리고 몸을 쭉 펴기
- '냐아아앙'하고 소리 내어 울기

놀이❸ 좁은 틈 통과하기

고양이가 좁게 열린 도서관문 틈으로 들어가는 장면을 보고 좁은 틈 통과하기 놀이를 해보세요.
- 문을 살짝 열고 통과하기
- 낮은 의자 아래 통과하기
- 의자에 줄을 묶어 그 사이 통과하기

놀이❹ 도서관 고양이에게 편지 쓰기

도서관 친구가 도서관 고양이에게 쓴 편지를 보고 도서관 고양이에게 편지를 써보세요.
- 도서관 고양이에게 궁금한 점, 하고 싶은 말 생각하기
- 도서관 고양이에게 편지 쓰기
- 바람숲그림책도서관으로 편지 보내기

놀이❻ 그림책 속으로 1탄

책 속에 나오는 그림책을 준비해서 읽고 그 장면을 실감나게 따라 해 보세요.

야, 우리 기차에서 내려!(존 버닝햄, 비룡소)

괴물들이 사는 나라(모리스 샌닥, 시공주니어)

이상한 화요일(데이비드 위즈너, 비룡소)

놀이❻ 그림책 속으로 2탄

책 속에 나오는 그림책을 준비해서 읽고 그 장면을 실감나게 따라 해 보세요.

별주부전(작자 미상, 한국 고대소설)

피리 부는 사나이(한스 크리스티안 안데르센)

성냥팔이 소녀(한스 크리스티안 안데르센)

놀이❼ 바람숲그림책도서관 가기

바람숲도서관 그림책을 읽고 도서관을 예약하고 방문해보세요.
- 강화도 바람숲그림책도서관 검색하고 예약하기
- 바람숲그림책도서관에서 고양이 레오 만나기
- 직접 갈 수 없다면 바람숲그림책도서관 블로그 살펴보기

놀이 동영상

chapter 6

수학과 과학

수학과 과학 01

뭐에 빠져볼까?
《수학에 빠진 아이》

📚 그림책 소개 (미겔 탕코 지음, 2020, 나는별)

《수학에 빠진 아이》
ⓒ미겔 탕코, 나는별

　빨간 머리 아이는 좋아하는 것을 찾다가 세상 곳곳에 숨어 있는 수학을 발견하는 재미에 푹 빠집니다. 물수제비를 뜨면서 동심원을 보고 놀이터에서 도형을 찾습니다. 아이는 날마다 수학을 생각하고 수학과 함께합니다. 수학 이외에도 세상을 보는 셀 수 없이 많은 방법이 있습니다. 아이와 함께 각자 푹 빠질 뭔가를 찾아보세요.

문해력이 자라는 시간

1. 표지 보며 이야기 상상하기

　그림(제목 숨기고)
　무엇이 보이니? 여기는 어디일까? 아이는 왜 비행기를 날릴까?
　아이 기분은 어때 보이니? 고양이는 무슨 생각을 하고 있을까?

바닥에 있는 물건들은 뭘까? 바닥에 왜 이런 물건들이 있을까?

제목

수학은 뭘까? 왜 학교에서 수학을 배울까?
수학에 빠졌다는 것은 무슨 말일까?
어떻게 아이는 수학에 빠졌을까?
수학에 빠진 아이는 어떤 행동을 할까?
너는 무엇에 빠져 있니? 무엇에 빠져있는 것은 좋은 걸까?

아이, 고양이, 비행기, 라디오, 가위, 종이가 보여요. 여기는 방이에요. 아이는 비행기 날리는 것을 좋아해요. 아이는 좋아하는 것을 해서 행복해요. 고양이는 비행기가 어디로 갈지 궁금해요. 아이가 여기 있는 가위, 종이로 바닥에서 비행기를 만든 거예요.

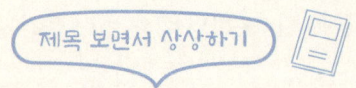
제목 보면서 상상하기

수학은 덧셈, 뺄셈 숫자 공부에요. 수학을 배워서 돈을 많이 벌 수 있어요. 생활에서 숫자를 사용하니까요. 수학에 빠졌다는 건 수학을 계속 하고 싶은 거예요. 수학을 배우니까 재밌어서 빠졌어요. 아이는 수학으로 만드는 것을 많이 해요. 저는 마리오 게임이랑 동물책에 빠졌어요. 빠지면 다른 활동을 안 해요. 그래도 빠져서 많이 하면 똑똑해져서 돈을 많이 벌 수 있어요.

2. 어휘력 쑥쑥

모르는 낱말 2~3개 찾기 - 사전 찾기 - 낱말 수첩에 적고 문장 만들기

예원이의 낱말 수첩

❶ 열정 : 열렬한 애정

　문장 : 피아노를 열정적으로 연주했다.

❷ 별의별 : 가지가지로 별다른

　문장 : 별의별 햄버거 종류가 있다.

3. 캐릭터 그리기

- 책 제목, 작가, 출판사 적기
- 주인공을 그리고 이름과 특징 적기
- 독서나무에 붙이기

4. '직선' VS '곡선' 공통점과 차이점 벤다이어그램

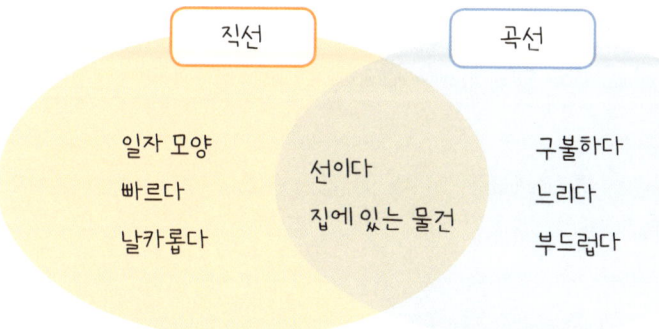

직선: 일자 모양, 빠르다, 날카롭다
공통: 선이다, 집에 있는 물건
곡선: 구불하다, 느리다, 부드럽다

5. 6하 원칙에 맞게 이야기 바꿔 쓰기(** 에 빠진 아이)

- 언제일까? 미래
- 어디에 있을까? 투명 아파트
- 누가 나올까? 10살 소녀
- 무엇을 할까? 그림에 푹 빠졌다
- 어떻게 될까? 유명해진다
- 왜 그렇게 될까?
  소녀의 그림을 좋아해서

그림에 빠진 아이

미래에 10살 소녀가 투명 아파트에 살았다. 다섯 살 때 처음 미술관에서 그림을 보고 푹 빠졌다. 소녀의 그림을 사람들이 좋아해서 유명해졌다.

수학에 빠진아이
① 열정 : 열렬한애정
피아노를 열정적으로연주했다.

② 별의별 : 가지가지로 별다른
별의별 핼버거 중류가있다.

4. '직선' VS '곡선' 공통점과 차이점 벤다이어그램

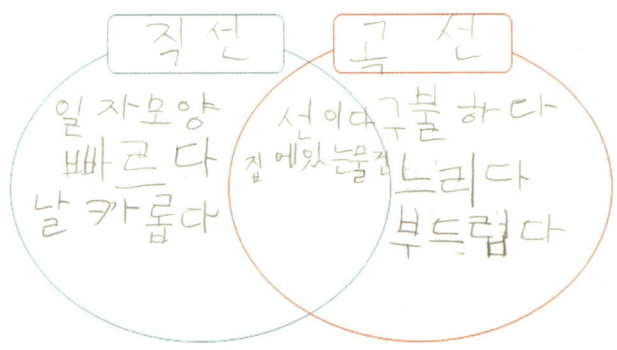

직선 / 곡선
일자모양   선이다 구불하다
빠르다   집에있눈물건 느리다
날카롭다   부드럽다

5. 6하 원칙에 맞게 이야기 바꿔 쓰기 (그림 에 빠진 아이)

- 언제일까? 미래
- 어디에 있을까? 투명아파트
- 누가 나올까? 10살소녀
- 무엇을 할까? 그림에 푹빠졌다
- 어떻게 될까? 유명해진다
- 왜 그렇게 될까? 소녀의그림을 좋아해서

이야기 연결해서 쓰기
미래에 10살소녀가 투명아파트에살았다. 다섯살 때처음 미술관에서그림을보고 푹빠졌다.소녀의그림을사람들이좋아해서 유명해졌다.

 **슬로리딩 놀이**

놀이❶ 내가 빠진 것은!

빨간 머리 아이가 수학에 빠진 것처럼 내가 시간 가는 줄 모르고 즐기면서 하는 일들을 떠올려보세요.
- 색깔 포스트잇 준비하기
- 각자 좋아하는 것을 한 색깔 포스트잇에 많이 적기
- 적은 것들 중에 비슷한 것을 묶어 분류하기

놀이❷ 나뭇가지에 숨어있는 수학 프랙털

뒤편 수학 노트에 있는 끝없이 이어지는 프랙털에 대해 읽고 프랙털을 만들어보세요.
- 나뭇가지에 있는 규칙이 무엇인지 찾기

  (셋으로 갈라지는 가지)
- 인터넷을 검색하여 프랙털의 종류 추가로 알아보기
- 프랙털 활동지를 뽑아 직접 프랙털 만들기

놀이❸ 집과 놀이터에서 다각형을 찾아라!

뒤편 수학 노트에서 반듯반듯 다각형에 대해 읽고 다각형을 찾아보세요.

- 포스트잇에 다각형을 여러 장 그리기
- 집 안과 놀이터에서 다각형 찾고 포스트잇 붙이기
- 포스트잇 다각형 모아 연상되는 모양 그리기

놀이❹ 동심원을 만들어봐!

뒤편 수학 노트에서 동심원에 대해 읽고 물수제비를 띄워보세요.

- 양파를 잘라 양파 속 동심원 관찰하기
- 물가에 가서 물수제비 띄우고 동심원 관찰하기
- 콤파스로 점점 커지는 동심원 그리기

놀이❺ 구불구불 날아가는 비행기

뒤편 수학 노트에서 곡선과 궤적 부분 읽고 비행기가 나는 모양을 관찰해보세요.

- 주변에서 다양한 곡선이 어디 있는지 찾기
- 비행기를 접어 날리고 날아가는 궤적 확인하기
- 내 비행기가 날아간 궤적을 그림으로 그려보기

놀이❻ 비슷한 것끼리 모아봐!

수학자처럼 집에 있는 다양한 물건을 분류해보세요.

- 한 사람씩 돌아가며 물건을 분류하고 사진 찍기
- 서로 분류한 것을 비교하고, 다르다면 왜 다른지 생각하기
- 또 다른 분류의 기준도 생각하기 (색깔, 촉감, 용도 등)

놀이❼ 우리 가족이 좋아하는 것은?

가족, 친구들이 푹 빠진 것을 알아보세요.

- 할아버지, 할머니, 아빠, 엄마, 동생이 좋아하는 것 묻기
- 언제부터 좋아했는지, 어떻게 좋아하게 되었는지 묻기
- 가족이 좋아하는 것을 적고 비슷한 점이 있는지, 다르다면 왜 다른지 이야기 나누기

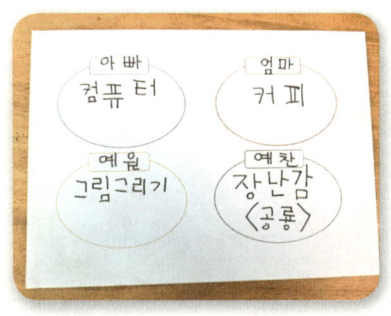

놀이 동영상

시계로 놀아볼까?
《시계 임금님》

📚 그림책 소개 (고스기 사나에 글, 다치모토 미치코 그림, 2016, 주니어RHK)

《시계 임금님》ⓒ고스기 사나에, 주니어RHK

시계 임금님이 다스리는 시계 나라가 있습니다. 임금님의 시곗바늘이 가리키는 시간에 따라 백성들은 일제히 같은 행동을 합니다. 이 규칙을 어기면 감옥에 갇힙니다. 게으름뱅이였던 임금님이 시곗바늘을 숨기면서 나라는 혼란에 빠집니다. 곤란한 상황이 된 임금님은 바늘을 돌려놓고 새로운 시간 사용 공고를 발표합니다.

문해력이 자라는 시간

1. 표지 보며 이야기 상상하기

그림(제목 숨기고)

무엇이 보이니? 시계에 왜 눈, 코, 입이 있을까?
시계가 왜 왕관을 쓰고 지팡이를 들고 있을까?

시계에는 왜 바늘이 있을까? 옷에 그려진 무늬는 뭘까?
시계가 사람이라면 지금 무슨 말을 하고 있을까?

제목

임금님이 뭘까? 지금도 임금님이 있을까?
시계 임금님이 다스리는 나라는 어떤 나라일까?
시계 임금님은 성격이 어떨까?
시계나라 백성들도 모두 임금님처럼 시계모양일까?
시계 나라에서는 어떤 사건이 생길까?

그림 보면서 상상하기

왕관, 시계, 지팡이가 보여요. 시계 사람이에요. 임금님은 왕관을 쓰고 지팡이를 들고 다녀요. 바늘이 없으면 가리키는 게 없어서 시간을 알 수 없어요. 옷에 그려진 건 영어 같아요. 시계 임금님은 시간을 가르쳐주는 일을 해요. 시계에 대해서 알려주는 일도 해요.

제목 보면서 상상하기

임금님은 나라의 대장이에요. 다른 나라에는 임금님이 있을 것 같아요. 시계 나라 사람들은 째각째각 소리를 내요. 시계 임금님은 사람들이 시간을 안 지키면 바늘로 사람들을 찔러요. 시계 나라 백성들은 얼굴이 다 시계처럼 생겼고, 동물도 구름도 모두 시계처럼 생겼어요. 시계 나라에 지진이 나서 땅이 흔들려서 시계가 다 고장 나요. 그리고 시계가 자꾸 태어나서 시계로 나라가 가득 차요.

2. 어휘력 쑥쑥

모르는 낱말 2~3개 찾기 - 사전 찾기 - 낱말 수첩에 적고 문장 만들기

예원이의 낱말 수첩

❶ 일제히 : 여럿이 한꺼번에

　문장 : 아파트에 불이 나서 일제히 불을 껐다.

❷ 태연하다 : 태도 기색이 아무렇지도 않고 예사롭다

　문장 : 바빠도 태연하게 갔다.

3. 캐릭터 그리기

- 책 제목, 작가, 출판사 적기
- 주인공을 그리고 이름과 특징 적기
- 독서나무에 붙이기

4. 시계 '긴 바늘' VS '짧은 바늘' 공통점과 차이점 벤다이어그램

긴 바늘 / 짧은 바늘

길다
분을 가리킨다
빠르다

바늘 모양
시계에 있다

짧다
시를 가리킨다
느리다

5. 6하 원칙에 맞게 이야기 바꿔 쓰기(** 임금님)

- 언제일까? 청소할 때
- 어디에 있을까? 노래 왕국
- 누가 나올까? 노래 임금님
- 무엇을 할까? 노래를 한다
- 어떻게 될까? 백성들이 춤을 춘다
- 왜 그렇게 될까? 노래가 신나서

노래 임금님

노래 왕국에 노래 임금님은 청소할 때 노래를 한다. 백성들은 노래가 신나서 춤을 춘다.

시계 임금님
① 일제히: 여럿이 한꺼번에.
아파트에 불이나서 일제히
불을껐다.
② 대견하다: 대도나 하는 짓이 아무
낌지도 않고예 자랑스럽다.
바빠도 대견하기갔다.

4. '긴 바늘' VS '짧은 바늘' 공통점과 차이점 벤다이어그램

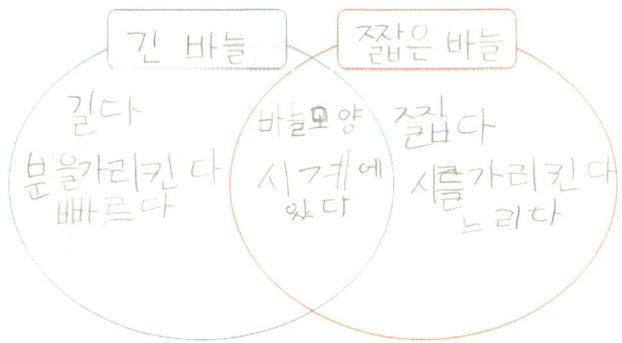

긴 바늘 / 짧은 바늘
길다 / 바늘모양 / 짧다
분을가리킨다 / 시계에 / 시를가리킨다
빠르다 / 있다 / 느리다

5. 6하 원칙에 맞게 이야기 바꿔 쓰기 (노래 임금님)

- 언제일까? 청소할때
- 어디에 있을까? 노래왕국
- 누가 나올까? 노래임금님
- 무엇을 할까? 노래를 한다
- 어떻게 될까? 백성들이 춤을춘다
- 왜 그렇게 될까? 노래가 신나서

이야기 연결해서 쓰기
노래왕국에 노래임금님은
청소할때 노래를한다.
백성들은 노래가신나서
춤을춘다.

슬로리딩 놀이

놀이❶ 다양한 시계 만들기

진짜 시계 혹은 종이컵으로 장난감 시계를 만들어보세요.
- 시계 만들기 재료 준비하기
- 시계 안에 들어가는 부속품 관찰하기
- 시계 바늘을 몸체에 연결하고 색칠도구로 꾸미기

놀이❷ 시계 바늘을 돌려라!

바늘을 돌릴 수 있는 시계를 준비하여 시곗바늘 돌리기 놀이를 해보세요.
- 긴 바늘이 돌 때, 짧은 바늘이 돌아가는 것 관찰하기
- 가위바위보하여 이기면 긴 바늘 한 바퀴 돌리기
- 짧은 바늘이 먼저 한 바퀴 돌아 제자리로 오면 이김

놀이❸ 시계 비둘기가 외쳐요!

책 속에서 비둘기가 시간에 맞춰 나오는 장면을 보고 시간을 알려주는 비둘기가 되어보세요.

- 시각에 맞춰 소리가 나오는 시계 영상 찾아서 보기
- 1에서 12까지 숫자 카드를 뽑아 어울리는 문장 만들기
- "구구구 8시예요. 아침밥을 먹으세요!" 등 문장 만들기

놀이❹ 하루 시간을 계획해요!

규칙적으로 생활하는 것에 대해 장단점을 이야기 나누고 하루 계획표를 만들어보세요.

- 하루 일과를 시간 간격으로 계획하기
- 계획한 일과대로 하루 생활하기
- 저녁에 시간표대로 생활하는 것이 어땠는지 이야기 나누기

놀이❺ 시곗바늘을 찾아라!

시계 임금님이 시곗바늘을 숨기고 신하들이 찾는 장면을 보고 시곗바늘을 숨기고 찾는 놀이를 해보세요.
- 두꺼운 종이에 시곗바늘을 여러 개 그리고 오리기
- 집 여기저기에 종이 시곗바늘 숨기기
- 주어진 시간동안 시곗바늘 찾기

놀이❻ 시계 카드 놀이

1~12까지 숫자 카드를 2장씩 만들어 숫자 카드놀이를 즐겨보세요.
- 숫자카드를 5장씩 받고, 나머지 카드는 중간에 쌓아두기
- 자기 차례에 한 사람을 정해 '몇 시 카드 있나요?'라고 질문하기
- 카드가 있다면 상대에게 받아서 짝 카드를 내려놓고, 없다면 쌓은 카드에서 한 장 가져오기, 카드를 먼저 모두 내려놓으면 승리함

놀이❼ 우리 집 공고 만들기

마지막 장의 시계 나라 공고를 읽고 공고문을 만들어보세요.
- 공고가 왜 필요한지 이야기 나누기
- 우리 집에도 필요한 공고가 있는지 이야기 나누기
- 우리 집 공고문을 만들어 잘 보이는 곳에 붙이기

놀이 동영상

수학과 과학 03

에너지 충전 해볼까?
《에너지 충전》

📚 그림책 소개 (박종진 글, 송선옥 그림, 2019, 소원나무)

《에너지 충전》ⓒ박종진,
소원나무

선동이는 동생 율동이의 주삿바늘 자국을 로봇 자국이라고 거짓말을 합니다. 곧 건전지가 다 되면 멈출 수 있어 에너지를 충전해야 된다고 합니다. 놀이터 곳곳을 다니면서 다양한 에너지 충전법을 보여줍니다. 놀이기구와 몸으로 바람에너지, 위치에너지, 운동에너지, 빛에너지를 만듭니다. 열에너지를 만들기 위해 붕어빵을 먹기도 합니다.

문해력이 자라는 시간

1. 표지 보며 이야기 상상하기

그림 (제목 숨기고)
무엇이 보이니? 아이들은 붕어빵을 왜 들고 있을까?
큰 붕어빵을 누가 만들었을까?

아이들 기분은 어때 보여? 왜 그런 기분일까?

아이들은 지금 무슨 생각을 하고 있을까?

아이들은 이것을 계속 들고 있을까? 다른 행동을 할까?

제목

에너지가 무엇일까? 충전이 무엇일까?

에너지를 충전하는 방법에는 무엇이 있을까?

사람도 에너지가 필요할까? 사람은 어떻게 에너지를 충전할까?

아이들은 붕어빵으로 에너지를 충전할까? 어떻게 충전할까?

그림 보면서 상상하기

붕어빵, 아이들, 나뭇잎이 보여요. 아이들은 붕어빵이 너무 좋아서 들고 있어요. 엄마와 아빠가 큰 붕어빵을 만들어줬어요. 아이들은 배고프고 무거워서 힘들어해요. '운동을 열심히 하고 붕어빵을 먹어야지' 생각하고 있어요. 아이들은 붕어빵이 너무 무거워서 내리다가 붕어빵이 부서져요. 그래서 둘이서 붕어빵을 맛있게 먹어요.

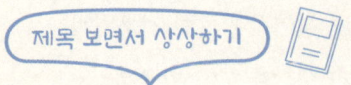

에너지는 힘이 넘치는 거예요. 충전은 힘을 내게 해주는 거예요. 핸드폰은 코드에 꽂아서 전기 에너지를 충전해요. 바람에너지, 태양에너지도 있어요. 사람은 밥 먹고 고기 먹으면 에너지가 충전돼요. 아이들은 붕어빵을 들고 운동하고 먹어서 에너지를 충전해요.

2. 어휘력 쑥쑥

모르는 낱말 2~3개 찾기 - 사전 찾기 - 낱말 수첩에 적고 문장 만들기

예원이의 낱말 수첩

❶ 에너지 : 물체가 가지고 있는 일을 할 수 있는 능력의 양

  문장 : 자유 시간에 에너지가 넘친다.

❷ 충전 : 에너지를 채우는 것

  문장 : 핸드폰 충전을 했다.

3. 캐릭터 그리기

- 책 제목, 작가, 출판사 적기
- 주인공을 그리고 이름과 특징 적기
- 독서나무에 붙이기

4. '해' VS '바람' 공통점과 차이점 벤다이어그램

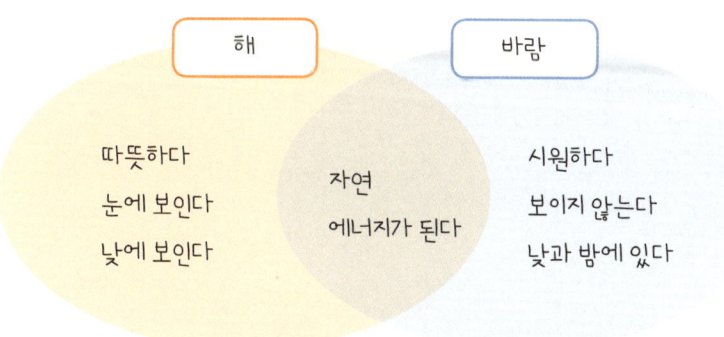

5. 6하 원칙에 맞게 이야기 바꿔 쓰기(** 충전)

- 언제일까? 생일
- 어디에 있을까? 집
- 누가 나올까? 리리와 친구들
- 무엇을 할까?
  리리와 놀아주지 않는다
- 어떻게 될까?
  서프라이즈 생일 파티
- 왜 그렇게 될까? 깜짝 놀라게

사랑 충전

오늘은 리리의 생일이다. 그런데 리리의 친구들이 리리와 놀아주지 않는다. 밤에 딩동 초인종 소리가 났다. 문을 열었더니 친구들이 케이크를 들고 있었다. 왜냐하면 서프라이즈를 하려고 했다. 리리의 마음에 사랑이 충전 되었다.

에너지충전
① 에너지: 물체가 가지고 있는
이룰 수 있는 능력의 양
자유시간에 에너지가 넘친다
② 충전: 에너지를 채우는 것
핸드폰 충전을 했다

4. '해' VS '바람' 공통점과 차이점 벤다이어그램

해 / 바람
- 따뜻하다
- 눈에 보인다
- 낮에 보인다

자연
에너지가
된다

- 시원하다
- 보이지 않는다
- 낮과 밤에 있다

5. 6하 원칙에 맞게 이야기 바꿔 쓰기 (사랑 충전)

- 언제일까? 생일
- 어디에 있을까? 집
- 누가 나올까? 리리와 친구들
- 무엇을 할까? 리리와 놀아주지 않
- 어떻게 될까? 서프라이즈 생일파티
- 왜 그렇게 될까? 깜짝 놀라게

이야기 연결해서 쓰기

오늘은 리리의 생일이다.
그런데 리리의 친구들이
리리와 놀아주지 않았
다. 밤에 딩동초인종소리가
났다. 문을 열었더니 친구
들이 케이크를 들고 있었다.
왜냐하면 서프라이즈
를 하려고 했다
리리의 마음에 사랑이
충전되었다

슬로리딩 놀이

놀이❶ 바람개비로 만드는 바람에너지

회전 기구로 바람에너지 만드는 장면을 보고 바람에너지를 만들어 느껴보세요.

- 놀이터에 회전 기구가 있다면 신나게 밀기
- 색종이와 막대를 사용하여 바람개비 만들기
- 야외에서 달리며 바람이 만드는 바람에너지 느끼기

놀이❷ 그네로 만드는 위치에너지

그네를 타며 위치에너지를 만드는 장면을 보고 위치에너지를 만들어 느껴보세요.

- 물을 쏟아 부어 손으로 받아보며 위치에너지 느끼기
- 공 높이를 달리하여 떨어뜨리며 손으로 받아 위치에너지의 차이 느끼기
- 그네를 타고 다양한 높이에서 위에서 아래로 내려오며 위치에너지 느끼기

놀이❸ 자전거, 달리기 운동에너지

자전거를 타고 뛰면서 운동에너지를 만드는 장면을 보고 운동에너지를 만들어 느껴보세요.

- 자전거 페달을 밟으며 운동에너지 만드는 상상하기
- 넓은 곳에서 한 사람이 공을 차고 다른 사람이 달려가서 가져오기
- 달리면서 다리가 만드는 운동에너지 느끼기

놀이❹ 뜨거운 붕어빵 열에너지

붕어빵을 먹으며 열에너지를 만드는 장면을 보고 열에너지를 만들어 느껴보세요.

- 가까운 곳에서 따뜻한 붕어빵 구입하기
- 붕어빵이 없다면 집에서 따뜻한 음식 준비하기
- 붕어빵을 먹으며 따뜻한 열에너지 느끼기

놀이❺ 돋보기로 모으는 빛에너지

돋보기로 태양에너지를 만드는 장면을 보고 태양에너지를 만들어 느껴보세요.

- 안전에 주의하여 돋보기가 모으는 빛에너지 관찰하기
- 아이 성향이나 나이를 고려하여 이 놀이는 하지 않아도 됨
- 태양 아래에서 따뜻한 빛에너지를 몸으로 느끼기

놀이❻ 엄마한테 업혀서 한 바퀴

선동이가 율동이를 업고 집으로 가는 장면을 보고 아이를 업고 한 바퀴 돌아주세요.

- 엄마가 아이를 업고 집이나 동네 한 바퀴 돌기
- 형이 동생을 업어줄 수도 있음
- 형제가 없다면 인형을 동생이라 생각하고 업어주기

놀이❼ 에너지 교구 만들기

다양한 에너지를 관찰할 수 있는 교구를 구입하여 직접 만들고 에너지를 느껴보세요.
- 과학 교구 사이트에서 아이 수준에 맞는 제품 구입하기
- 풍력 에너지, 태양광 에너지로 움직이는 다양한 교구가 있음
- 설명서를 보면서 조립하고 직접 실험하기

놀이 동영상

수학과 과학 04

코딩으로 놀아볼까?
《코딩으로 모래성 만들기》

📚 그림책 소개 (조시 펑크 글, 사라 펄래셔스 그림, 2020, 웅진주니어)

《코딩으로 모래성 만들기》
ⓒ조시 펑크. 웅진주니어

펄은 해변에서 모래성 만들기에 도전하지만 계속 실패합니다. 펄은 로봇 파스칼을 데려와 코드로 명령을 내립니다. 하지만 파스칼은 펄의 명령어를 알아듣지 못합니다. 펄은 파스칼이 알아들을 수 있도록 명령을 잘게 나누어 자세하고 정확하게 명령을 내립니다. 순차, 반복문, 조건문 등을 통해 펄은 문제들을 해결하며 모래성을 완성합니다.

문해력이 자라는 시간

1. 표지 보며 이야기 상상하기

그림(제목 숨기고)

무엇이 보이니? 여기는 어디일까?

사람과 로봇은 여기서 무엇을 하고 있을까?

뒤에 보이는 성은 누가 만든 것일까? 무엇으로 만들었을까?
성을 어떤 방법으로 만들었을까? 성을 왜 만들었을까?

제목

코딩이 뭘까? 코딩으로 모래성을 어떻게 만들 수 있을까?
로봇은 왜 만들어졌을까? 어떤 로봇들이 있을까?
코딩을 배우면 어떤 점이 좋을까? 나는 코딩으로 무엇을 해볼까?

아이, 로봇, 모래, 모래성이 보여요. 여기는 바다예요. 사람과 로봇은 쉬고 있어요. 아이와 로봇이 힘을 합쳐서 모래로 성을 만들었어요. 로봇은 바퀴로 모래를 날라요. 아이는 모래로 동그라미를 만들어서 톡톡 쌓고 장식도 했어요. 아이는 성 만드는 것이 재밌어서 모래성을 만들었어요.

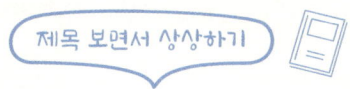
제목 보면서 상상하기

코딩은 몰라요(엄마 - 코딩은 기계어로 기계에게 명령하는 거야). 아이가 코딩으로 모래성 만드는 방법을 저장하고 로봇이 그대로 모래성을 만들어요. 로봇이 있으니까 청소도 해주고 편해요. 음식 운반하는 로봇도 있고 강아지 로봇도 있어요. 코딩으로 로봇을 만들 수 있어요. 태권도하는 로봇, 놀아주는 로봇을 만들고 싶어요.

2. 어휘력 쑥쑥

모르는 낱말 2~3개 찾기 - 사전 찾기 - 낱말 수첩에 적고 문장 만들기

예원이의 낱말 수첩

❶ 조건 : 어떤 일을 자기 뜻대로 하기 위해서 내놓는 요구
　문장 : 인어공주가 물고기에게 조건을 말했다.

❷ 암호 : 남이 모르게 어떤 사실을 전달하기 위해 쓰는 기호
　문장 : 금고 안에 돈을 숨기고 암호를 걸었다.

3. 캐릭터 그리기

- 책 제목, 작가, 출판사 적기
- 주인공을 그리고 이름과 특징 적기
- 독서나무에 붙이기

4. '사람' VS '로봇' 공통점과 차이점 벤다이어그램

사람: 건전지가 필요없다, 자유롭게 움직인다

공통점: 움직인다, 몸이 있다

로봇: 건전지가 필요하다, 명령대로 움직인다

5. 6하 원칙에 맞게 이야기 바꿔 쓰기 (코딩으로 ** 만들기)

- 언제일까? 미래
- 어디에 있을까? 그림마을
- 누가 나올까? 화가, 피카소 로봇
- 무엇을 할까?
  로봇이 춤추며 그림을 그린다
- 어떻게 될까? 부자가 되었다
- 왜 그렇게 될까? 그림을 팔아서

코딩으로 그림 만들기

미래에 그림마을에서 화가와 피카소 로봇이 살았다. 로봇이 춤을 추며 그림을 팔아서 부자가 되었다.

코딩으로 모래성 만들기
① 조건: 어떤 일을 시키든 대로
하기와 미아부 논곳
안 어긋나 물고 가에게 조건을
말한다
② 약속: 남이로게 어떤 사실을
진실하 시한하여 사는거 나부
컴그만에 돌을 줍기고 암그를걸었다.

4. '사람' VS '로봇' 공통점과 차이점 벤다이어그램

사람 / 로봇
- 건전지가 필요없다
- 자유롭게 움직인다
- 움직인다
- 몸이있다
- 건전지가 필요하다
- 명령대로 움직인다

5. 6하 원칙에 맞게 이야기 바꿔 쓰기 (코딩으로 그림 만들기)

- 언제일까? 미래
- 어디에 있을까? 그림마을
- 누가 나올까? 화가, 피아노 로봇
- 무엇을 할까? 로봇이 춤추머 그림을그림
- 어떻게 될까? 부자가 되었다
- 왜 그렇게 될까? 그림을 팔아서

이야기 연결해서 쓰기

미래에 그림마을에서 화가와 피아노 로봇이 살았다. 로봇이 춤을 추머 그림을 팔아서 부자가 되었다.

수학과 과학 209

 **슬로리딩 놀이**

놀이❶ 코딩을 알아봐요

코딩이 무엇인지 검색해서 알아보고, 코딩이 생활 속에 적용되는 예도 찾아보세요.
- 어린이 백과사전 등에서 코딩을 설명하는 글 찾아 읽기
- 생활 속에서 코딩이 활용되는 예시 찾기
- 코딩으로 어떤 물건들이 더 만들어지면 좋을지 이야기 나누기

놀이❷ 코딩으로 모래성 만들기

준비물(양동이, 물)을 챙겨서 모래 놀이터, 바닷가로 가서 모래성을 만들어보세요.
- 코더(명령을 내리는 사람)와 로봇의 역할 정하기
- 코더가 로봇에게 명령 내리기
- 역할을 바꾸어 다시 놀이하기

놀이③ 네모 칸에서 사람 로봇 이동시키기

종이에 여러 장소를 적고 로봇에게 이동 명령을 말해보세요.
- 큰 종이에 네모 칸을 그리고 다양한 장소 적기
- 코더와 로봇의 역할을 정하고 코더가 명령 내리기
- 마트에 가서 우유를 사와! 위로 2칸 → 오른쪽으로 3칸

놀이④ 코딩으로 요리하기

코딩 전문가인 아빠가 아들과 식빵에 잼 바르기 코딩하는 영상을 찾아보고 아이들과 코딩 놀이에 도전해 보세요.
- 식빵, 잼, 접시, 버터나이프 준비하기
- 식빵에 딸기잼을 바른 잼빵을 만들기 위한 명령 내리기
- '식빵 위에 딸기잼을 바른다'라고 명령하면, '잼 뚜껑을 열어라'는 명령이 없었으므로 딸기잼 병을 그대로 들고 식빵에 문질러야함

놀이❺ 코딩으로 심부름시키기

코더와 로봇의 역할을 정하고 집 안에서 코더가 로봇에게 심부름을 시켜보세요.

- 심부름을 생각하여 종이에 적어서 뽑아도 되고 즉흥적으로 만들어도 됨
- 안방 서랍장에 가서 양말 가져오기, 냉장고에서 우유 꺼내오기 등 명령 내리기
- 구체적으로 이동 지시하기(일어나, 뒤로 돌아, 앞으로 다섯 걸음 가, 냉장고 문 열어, 우유 잡아, 뒤로 돌아)

놀이❻ 블록 코딩 도전하기

블록 코딩으로 코딩의 기초를 배워보세요.

- 엔트리, 스크래치 활용법을 알려주는 영상 보기
- 엔트리, 스크래치 사이트에 접속하기
- 기본 블록 코딩부터 차례로 도전하기

놀이❼ 코딩 로봇과 놀기

코딩 로봇으로 코딩을 재미있게 즐겨보세요.
- 코딩 로봇을 검색하여 찾아보고 의논한 후 구입하기
- 코딩 로봇의 기본적인 움직임 연습하기
- 물건 가져오기, 원하는 위치로 이동하기, 공 넣기 등 미션을 만들어 놀이하기

놀이 동영상

chapter 7

놀이

누구랑 놀아볼까?
《나랑 같이 놀자》

그림책 소개 (김희영 지음, 2019, 논장)

《나랑 같이 놀자》
ⓒ김희영, 논장

빨간모자 소녀는 비가 와서 심심해하는 강아지 코코와 집 안에서 할 수 있는 놀이를 만듭니다. 주변 물건을 활용하여 북극 얼음집을 상상하며 우산 아래에서 코코아 마시기, 종이·이수시게·빨대로 새로운 세상 만들기, 식빵과 브로콜리로 음식나라 만들기 놀이를 합니다. 비가 그치고 소녀는 코코와 밖으로 나가 놀이를 이어갑니다.

문해력이 자라는 시간

1. 표지 보며 이야기 상상하기

그림 (제목 숨기고)
무엇이 보이니? 여기는 어디일까? 무엇으로 만들었을까?
왜 똑같은 아이와 강아지가 둘이나 있을까?

작은 아이는 무엇을 하고 있을까?

밖에 있는 아이는 지금 무슨 생각을 하고 있을까?

아이는 여기에 어떻게 왔을까? 이 일 이전에 어떤 일이 있었을까?

이 후에는 어떤 일이 이어서 생길까?

제목

'나랑 같이 놀자'는 누가 누구에게 하는 말일까?

왜 같이 놀자라고 하는 것일까?

같이 노는 것과 혼자 노는 것 중에 뭐가 더 좋니?

어떤 놀이를 하면서 놀까?

나는 누구에게 "같이 놀자"라고 말해볼까?

나는 누구와 무엇을 하며 같이 놀까?

 그림 보면서 상상하기

아이, 강아지, 놀이터가 보여요. 여기는 종이나라예요. 종이를 오려서 만들었어요. 마술을 부려서 큰 사람이 작아진 거예요. 작은 아이는 미끄럼틀 타면서 놀고 있어요. 큰 아이는 밖에서 저기서 놀면 재미있을 것 같다고 생각하고 있어요. 아이가 종이를 보면서 들어가고 싶다고 말했어요. 나무 사이에 마술사가 있어서 아이를 작게 만들었어요. 다 놀고 나서 마술사가 아이를 원래대로 돌려줘요.

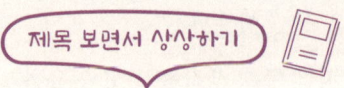

제목 보면서 상상하기

종이들이 아이한테 말을 걸고 있어요. 종이가 아이한테 심심해서 같이 놀자라고 말해요. 같이 놀면 더 재밌어요. 놀이터에 들어가면 사람 크기가 작아져요. 여기에서 미끄럼틀, 숨바꼭질 놀이를 해요. 학교에서 모르는 친구한테 같이 놀자라고 말한 적 있어요. 나는 귀여운 도마뱀이랑 같이 놀고 싶어요. 그리고 나는 강아지, 고양이랑 같이 술래잡기하면서 놀고 싶어요.

2. 어휘력 쑥쑥

모르는 낱말 2~3개 찾기 - 사전 찾기 - 낱말 수첩에 적고 문장 만들기

예원이의 낱말 수첩

❶ 찬찬하다 : 성질이 꼼꼼하고 차분하다
  문장 : 여우가 찬찬히 걸어갔다.
❷ 블랙홀 : 밀도와 중력이 매우 커서 주변의 빛이나 물체를 모두 빨아들이는 우주 공간의 구멍
  문장 : 우주에서 블랙홀을 보고 싶다.

3. 캐릭터 그리기

- 책 제목, 작가, 출판사 적기
- 주인공을 그리고 이름과 특징 적기
- 독서나무에 붙이기

4. '안에서 놀기' VS '밖에서 놀기' 공통점과 차이점 벤다이어그램

안에서 놀기
밖에서 놀기

작은 장난감
뛸 수 없다
언제든지 놀 수 있다

놀기
재밌다

놀이터에 큰 기구
뛸 수 있다
날씨(바람)

5. 6하 원칙에 맞게 이야기 바꿔 쓰기 (나랑 같이 **하자)

- 언제일까? 좋은 날
- 어디에 있을까? 숲
- 누가 나올까? 돼지 가족
- 무엇을 할까? 운동
- 어떻게 될까? 꾸준히
- 왜 그렇게 될까? 살 빼려고

나랑 같이 운동하자

날 좋은 날에 돼지 가족이 숲으로 갔다. 돼지 가족은 살을 빼려고 꾸준히 운동을 했다.

나랑같이 놀자
① 차차하다: 성질이 꼼꼼하고 차분하다
여우가 찬찬히 걸어갔다

② 블랙홀: 밀도와 중력이 매우 커서 주변의 빛이나 물체를 모두 빨아들이는 우주공간의 구멍
우주에서 블랙홀을 보고싶다

4. '안에서 놀기' VS '밖에서 놀기' 공통점과 차이점 벤다이어그램

안에서놀기
- 작은 장난감
- 뛸수없다
- 언제든지 놀수있다

놀기 재밌다

밖에서놀기
- 놀이터에 큰지구
- 날씨(바람)
- 뛸수있다

5. 6하 원칙에 맞게 이야기 바꿔 쓰기 (나랑 같이 운동 하자)

- 언제 할까? 날좋은날
- 어디에서 할까? 숲
- 누가 할까? 돼지가족
- 무엇을 할까? 운동
- 어떻게 할까? 꾸준히
- 왜 할까? 살 빼려고

이야기 연결해서 쓰기

날좋은날에 돼지가 죽이 숲으로갔다. 돼지 가족은 살을 빼려고 꾸준히 운동을 했다.

슬로리딩 놀이

놀이 ❶ 특별한 장소에서 코코아 마시기

추운 얼음나라에 왔다고 상상하고 우산 아래에서 코코아를 마셔 보세요.
- 책상 밑에 우산을 펼치고 그 아래에 앉기
- 코코아 마시며 추운 나라에서 있을 수 있는 일들 이야기 나누기
- 새로운 장소를 상상해보고 그곳에서 어울리는 행동해보기

놀이 ❷ 종이 놀이터에서 아바타가 놀아요

주인공이 종이 놀이터에서 놀고 있는 장면을 보고 종이로 놀이기구를 만들어 내 아바타가 놀게 해보세요.
- 종이, 이수시게, 빨대로 작은 놀이터 만들기
- 나의 아바타 인형을 만들거나 인형 중에서 정하기
- 아바타 인형으로 내가 만든 놀이터에서 놀기

놀이❸ 화분 놀이터에서 아바타가 놀아요

주인공이 화분에서 놀고 있는 장면을 보고 나의 아바타가 화분에서 놀게 해보세요.

- 집에 있는 화분이나 화단에 있는 식물 탐색하기
- 식물에서 이전에 내가 보지 못한 새로운 것이 있는지 이야기 나누기
- 식물에서 나의 아바타 인형이 새로운 놀이 즐기기

놀이❹ 브로콜리 식빵 나라

주인공이 브로콜리에서 놀고 있는 장면을 보고 채소 나라를 꾸며보세요.

- 브로콜리와 식빵, 다른 식재료 준비하기
- 식재료를 활용하여 상상 나라 만들고 놀기
- 놀고 난 후 식재료를 사용하여 음식 만들기

놀이 ⑤ 칙칙폭폭 의자 기차 놀이

주인공이 의자에서 놀고 있는 장면을 보고 집에 있는 의자를 연결하여 기차를 만들어 놀아보세요.

- 가장 앞에 앉은 사람이 기차 차장이 되어 솥뚜껑 잡기
- 의자에 모두 앉아 차장의 칙칙 소리에 폭폭으로 답하기
- 기차가 어디로 가고 있는지 상상하며 보이는 풍경 이야기 나누기

놀이 ⑥ 그림자를 만들자

주인공이 그림자로 놀고 있는 장면을 보고 낮에는 커튼이 있는 방, 밤에는 불을 끈 방에서 그림자놀이를 즐겨보세요.

- 손전등을 준비하여 한 명은 비춰주고, 다른 사람은 그림자 만들기
- 두 명이 그림자를 만들며 다양한 이야기 만들어 극놀이 하기
- 종이인형을 만들어 그림자 인형극 놀이하기

놀이❼ 방울방울 비누방울 놀이

주인공이 비누방울로 놀고 있는 장면을 보고 비누방울로 놀아보세요.
- 판매품 혹은 세제와 물을 섞어 비누방울 용액 만들기
- 야외나 화장실에서 놀이하기
- 한 사람은 비누방울을 불고 다른 사람들은 비누방울 잡기

놀이 동영상

뭘 거꾸로 해볼까?
《거꾸로 하는 소녀 엘라 메이》

 그림책 소개 (믹 잭슨 글, 안드레아 스테그메이어 그림, 2020, 빨간콩)

《거꾸로 하는 소녀 엘라 메이》
ⓒ믹 잭슨, 빨간콩

엘라 메이는 새로운 도전을 좋아하는 엄마의 제안으로 거꾸로 도전을 시작합니다. 공원에서 거꾸로 걷기, 놀이터에서 거꾸로 놀이를 하는 등 거꾸로 모험을 이어갑니다. 거꾸로 거울을 만들어 거꾸로 걷는 엘라를 보며 엄마와 거리의 사람들이 거꾸로 행진을 하게 됩니다. 이어서 엘라는 새로운 거꾸로 도전을 다시 시작합니다.

 문해력이 자라는 시간

1. 표지 보며 이야기 상상하기

그림(제목 숨기고)
무엇이 보이니? 아이는 무엇을 하고 있을까?
아이의 동작을 따라 해볼까? 어떤 느낌이야?

아이는 어디를 보고 있을까? 왜 아이만 몸의 방향이 다를까?
왜 아이만 색깔이 있는 걸까? 아이 볼은 왜 이렇게 붉을까?
머리 모양은 누가 한 걸까?

제목

거꾸로 한다는 것은 무슨 말일까? '거꾸로'의 반대말은 무엇일까?
거꾸로 하는 소녀라는 말은 누가 붙여주었을까?
엘라 메이는 어떤 것들을 거꾸로 할까?
엘라 메이는 왜 바로 하지 않고 거꾸로 할까?
내가 거꾸로 해보고 싶은 것은?
절대로 거꾸로 하면 안 되는 것이 있을까?

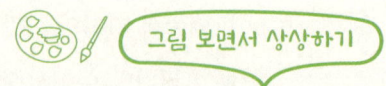
그림 보면서 상상하기

어린이, 어른이 보여요. 누가 잡아당기는 것 같아요. 넘어질 것 같아요. 아이는 어른을 보고 있어요. 아이는 심부름을 가다가 길을 잃어서 경찰아저씨를 찾고 있어요. 어른들은 일하러 가고 아이는 놀이터에 가요. 어른은 좀비이고 아이만 사람이에요. 아이가 볼터치를 해서 볼이 빨개요. 사람이 많아서 아이가 부끄러워서 볼이 빨개요. 아이는 엄마한테 이렇게 머리 해달라고 했어요.

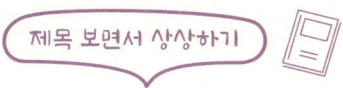
제목 보면서 상상하기

거꾸로는 반대로 하는 거예요. 거꾸로의 반대는 바로예요. 동네 아저씨가 아이가 거꾸로 걸어서 그렇게 불렀어요. 아이는 걷는 것, 그네 타는 것, 연필 쓰는 것도 거꾸로 해요. 아이가 거꾸로 했는데 재미있어서요. 나는 그네 타는 것, 미끄럼틀 올라가는 것 거꾸로 해보고 싶어요. 다칠 수 있는 것은 거꾸로 하면 안돼요. 신호등은 거꾸로 건너면 안 돼요.

2. 어휘력 쑥쑥

모르는 낱말 2~3개 찾기 - 사전 찾기 - 낱말 수첩에 적고 문장 만들기

예원이의 낱말 수첩

❶ 행진 : 여럿이 줄을 지어 앞으로 나감
　문장 : 경찰 가족들이 행진한다.

❷ 혼란 : 갈피를 잡을 수 없게 뒤죽박죽이 되어 어지러움
　문장 : 새치기를 해서 혼란스럽다.

3. 캐릭터 그리기

- 책 제목, 작가, 출판사 적기
- 주인공을 그리고 이름과 특징 적기
- 독서나무에 붙이기

4. '바로 걷기' VS '거꾸로 걷기' 공통점과 차이점 벤다이어그램

바로 걷기
- 앞으로 걷는다
- 쉽다
- 많이 할 수 있다

걷는다

거꾸로 걷기
- 뒤로 걷는다
- 어렵다
- 조금 할 수 있다

5. 6하 원칙에 맞게 이야기 바꿔 쓰기 (** 하는 소녀 **)

- 언제일까? 매일
- 어디에 있을까? 바다
- 누가 나올까? 코리
- 무엇을 할까? 디저트
- 어떻게 될까? 늘 새롭게
- 왜 그렇게 될까? 부자가 되려고

음식 하는 소녀 코리

코리는 매일 바다 앞에 있는 식당에서 늘 새롭게 디저트 음식을 만든다. 왜냐하면 코리는 부자가 되고 싶었다.

거꾸로 하는소녀 엘라메이
① 해진 : 여럿이 술을 시어앞으로 나가
경찰 가족들이 행진한다

② 훌라 : 갈피를 잡을 수 없게 뒤죽박
죽이 되어져버림
새치기를 해서 혼란스럽다

4. '바로 걷기' VS '거꾸로 걷기' 공통점과 차이점 벤다이어그램

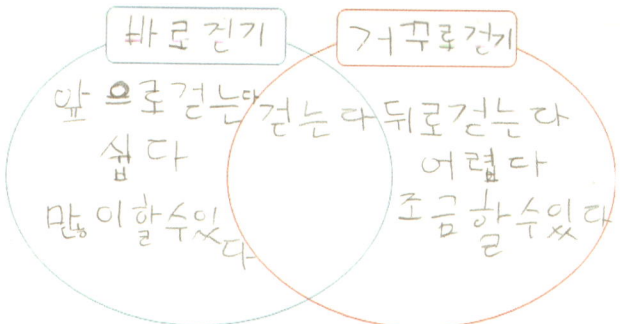

바로걷기 / 거꾸로걷기
앞으로걷는다 / 걷는다 / 뒤로걷는다
쉽다 / / 어렵다
많이할수있다 / / 조금할수있다

5. 6하 원칙에 맞게 이야기 바꿔 쓰기 (음식 하는 소녀 코리)

- 언제 할까? 매일
- 어디에서 할까? 바다
- 누가 할까? 코리
- 무엇을 할까? 디저트
- 어떻게 할까? 늘새롭게
- 왜 할까? 부자되려고

이야기 연결해서 쓰기
코리는 매일 바다앞
에 있는 식당에서
늘새롭게 디저트
음식을 만든다.
왜냐하면 코리는 부자가
되고 싶었다.

놀이 229

슬로리딩 놀이

놀이❶ 살고 싶은 집 그려보기

책의 앞과 뒤 면지에 있는 엘라 메이의 집을 보고 내가 살고 싶은 상상의 집을 그려보세요.

- 각자 살고 싶은 집은 어디에 있는 어떤 모양인지 이야기 나누기
- 그 집에는 어떤 방들이 있고 누가 함께 사는지 이야기 나누기
- 내가 살고 싶은 집 각자 그린 후에, 그림 보며 집 소개하기

놀이❷ 나를 소개해요

엘라 메이가 자신을 소개한 장면을 보고 나도 소개해보세요.

- 나와 가족을 소개하는 사진을 찍어서 붙이거나 직접 그리기
- 나와 가족을 소개하는 글을 사진 아래에 적기
- 만든 작품을 다른 사람에게 소개하기

놀이❸ 냄새도 모양도 특이한 요리에 도전!

아이와 함께 요리책과 인터넷을 검색하여 새로운 요리를 찾고 만들어 보세요.

- 마트나 시장에서 아이와 함께 새로운 식재료 구입하기
- 아이에게도 역할을 주어 함께 요리 완성하기
- 열린 마음으로 요리를 맛보고, 새로운 도전에 대해 이야기 나누기

놀이❹ 거꾸로 보기 거울 만들기

엘라 메이가 거꾸로 걷기를 위해 만든 거꾸로 거울을 만들어보세요.

- 거꾸로 보기 위한 거울 만들 재료 준비하기
- 거꾸로 거울을 만든 후, 머리에 쓰고 걸어보기
- 문제점이 있다면 보완한 후 다시 걸어보기

놀이⑤ 거꾸로 거꾸로 도전

엘라 메이가 거꾸로 한 행동들을 찾아 해보고 어떤 느낌과 생각이 드는지 이야기 나눠보세요.

거꾸로 걷기

거꾸로 계단

거꾸로 책 읽기

거꾸로 눕기

거꾸로 보기

놀이⑥ 거꾸로 놀이터

놀이터에서 거꾸로 놀이를 찾고, 친구에게 방해되지 않고 안전하게 거꾸로 놀이를 즐겨보세요.

거꾸로 말타기

거꾸로 미끄럼틀

거꾸로 시소

거꾸로 계단

거꾸로 달리기

놀이❼ 도전 왕이 될래요!

엘라 메이의 거꾸로 도전기를 읽은 느낌을 이야기 나누고 나의 도전 목록을 만들어보세요.
- 내가 새롭게 도전해보고 싶은 일 목록 만들기
- 현실적이고 단기간에 할 수 있는 일들 먼저 실천하기
- 도전한 후 각자의 소감 나누기

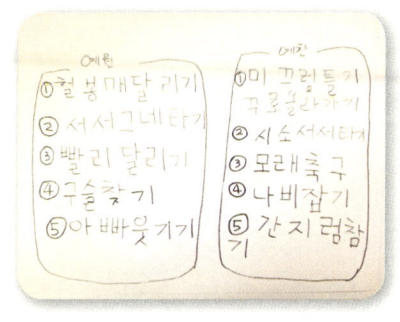

놀이 동영상

무슨 책을 만들까?
《이것은 팬티책!》

 그림책 소개 (존 케인 지음, 2021, 키다리)

《이것은 팬티책!》ⓒ존 케인, 키다리

　우주 팬티를 입고 우주로 떠난 주인공은 달에서 외계인 버즐리를 만납니다. 주인공은 똑똑한 팬티 덕분에 지구에 가보고 싶다는 버즐리의 말을 이해할 수 있습니다. 지구에서 주인공과 버즐리에게 여러 사건이 일어나지만 다양한 능력의 팬티 덕분에 잘 해결됩니다. 둘은 모험을 다시 떠나게 되면서 필요한 팬티들이 나오는데 어디로 가게 될까요?

 문해력이 자라는 시간

1. 표지 보며 이야기 상상하기

그림(제목 숨기고)

무엇이 보이니? 책 모서리는 왜 잘려져 있을까?

아이는 왜 외계인과 함께 있을까? 외계인은 어디를 보고 있을까?

팔이 많으면 좋은 점이 있을까? 나쁜 점도 있을까?

왜 손으로 바지를 잡고 있을까?

바나나 모양 한 개는 왜 먹은 모습으로 그렸을까?

제목

팬티책을 팬티로 사용할 수 있을까?(어떻게?) 팬티책을 어떻게 입을까?

팬티책이 필요한 사람이 있을까?(왜?)

나도 팬티책이 필요할 때가 있을까?

아이와 외계인은 팬티책으로 무슨 일을 벌일까?

그림 보면서 상상하기

아이, 외계인, 책이 보여요. 책 모서리는 누가 배가 고파서 먹었어요. 외계인이 우주선 타고 와서 아이랑 만났어요. 외계인은 하늘에 있는 자기 별을 보고 있어요. 팔이 많으면 한꺼번에 많이 잡을 수 있어요. 팔이 많으면 엄마가 심부름을 많이 시킬 수 있어요. 팬티가 없어서 책으로 가리고 있어요. 바나나를 한 개만 먹어보고 싶어서 먹었어요.

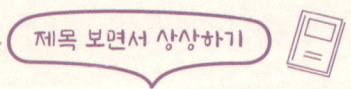

책을 잘라서 입으면 돼요. 팬티가 없는 사람한테 팬티책이 필요해요. 나는 집에 팬티가 엄청 많아서 팬티책은 필요 없어요. 팬티책은 책을 읽기도 하고 입기도 해요. 팬티책이 너무 더러워져서 버릴 것 같아요.

2. 어휘력 쑥쑥

모르는 낱말 2~3개 찾기 - 사전 찾기 - 낱말 수첩에 적고 문장 만들기

예원이의 낱말 수첩

❶ 초고속 : 더할 수 없을 정도로 매우 빠른 속도
  문장 : 초고속 비행기를 타고 제주도로 갔다.

❷ 환영 : 기쁜 마음으로 맞이함
  문장 : 선생님이 학생들을 환영했다.

3. 캐릭터 그리기

- 책 제목, 작가, 출판사 적기
- 주인공을 그리고 이름과 특징 적기
- 독서나무에 붙이기

4. '팬티' VS '팬티책' 공통점과 차이점 벤다이어그램

팬티
- 진짜 입을 수 있다
- 모양을 바꿀 수 있다

무늬 있음
모양이 비슷
입을 수 있다

팬티책
- 읽을 수 있다
- 모양을 바꿀 수 없다

5. 6하 원칙에 맞게 이야기 바꿔 쓰기 (이것은 ** 책)

- 언제일까? 밤
- 어디에 있을까? 모자숲
- 누가 나올까? 경비 아저씨
- 무엇을 할까? 두꺼운 종이
- 어떻게 될까? 읽는다
- 왜 그렇게 될까?
  재미있는 이야기가 필요해서

이것은 모자책

모자숲에서 일하는 경비 아저씨는 밤에 심심해서 재미있는 이야기가 필요했다. 두꺼운 종이로 모자책을 만들어서 읽었다.

이것은 팬티 책!
① 초고속: 더할 수 없을 정도로 매우 빠
초고속비행기를 타고 제주도로 갔다.

② 환영: 기쁜 마음으로 맞이함
선생님이 학생들을 환영했다.

4. '팬티' VS '팬티책' 공통점과 차이점 벤다이어그램

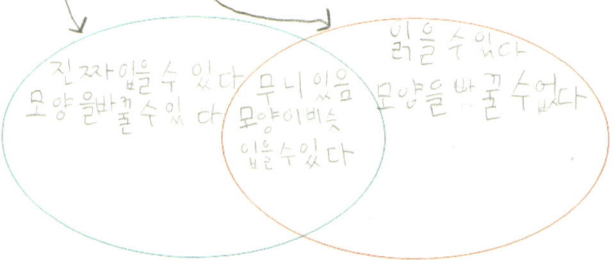

진짜 입을 수 있다
모양을 바꿀 수 있다
무늬있음
모양이 비슷
입을 수 있다
읽을 수 있다
모양을 바꿀 수 없다

5. 6하 원칙에 맞게 이야기 바꿔 쓰기 『이것은 모자책이야!』

- 언제 필요할까?
  밤
- 어디에서 필요할까?
  모자숲
- 누구에게 필요할까?
  경비아저씨
- 무엇으로 만들까?
  두꺼운 종이
- 어떻게 사용할까?
  읽는다
- 왜 필요할까?
  재미있는 이야기가
  필요해서

이야기 연결해서 쓰기

모자숲에서 일하는
경비아저씨는
밤에 심심해서
재미있는 이야기
가 필요했다.
두꺼운 종이로 모자
책을 만들어서 읽었다.

 **슬로리딩 놀이**

놀이❶ 우주여행 로켓 만들기

주인공이 만든 로켓을 살펴보고 나의 우주 로켓을 만들어보세요.
- 큰 상자를 구하거나 아이 몸이 들어갈 수 있게 여러 상자 연결하기
- 밖을 볼 수 있는 창을 오려내고 외부와 내부 꾸미기
- 로켓을 타고 헬멧을 쓰고 상상의 우주여행 떠나기

놀이❷ 우주에서 만난 외계인

주인공이 우주에서 외계인을 만난 장면을 보고 우주인 놀이를 해보세요.
- 집에 있는 소품으로 외계인 분장하기
- 머리띠에 외계인 눈 붙여 버즐리 흉내내기
- 외계 언어를 만들어 외계인과 대화 나누기

놀이❸ 야광 팬티 입고 반짝반짝

주인공이 야광 팬티를 입은 장면을 보고 야광 팬티를 만들어보세요.
- 검은 종이와 야광 스티커 준비하기
- 검은 종이에 야광 스티커를 붙여 야광 팬티 만들기
- 불을 끄고 야광 팬티 입고 즐기기

놀이❹ 파티 팬티 입고 댄스

주인공이 파티 팬티 입고 파티를 즐긴 장면을 보고 파티 팬티를 만들어보세요.
- 종이 아래에 삼각형을 오려내고 팬티 모양 만들기
- 종이 팬티에 파티에 입으면 재미있을 모양 그리기
- 파티 팬티를 입고 파티 즐기기

놀이⑤ 팬티책 입고 찰칵찰칵!

다양한 무늬의 팬티책을 입고 가족들이 돌아가며 사진을 찍어보세요.

원숭이 팬티   똑똑한 팬티   최고의 팬티   우주 팬티

놀이⑥ 신기한 책 만들기

8면 접기로 책모양을 만들고 새로운 **책 만들기를 해보세요.

8면접기 후, **책 모양으로 오리기

앞뒤 표지 만들기

첫 장에 규칙 적기

글과 그림 넣기

놀이❼ 이 팬티를 입고 어디로 갈까?

가장 뒤쪽에 있는 새로운 팬티를 보면서 주인공들이 어디로 가게 될지 상상해보세요.

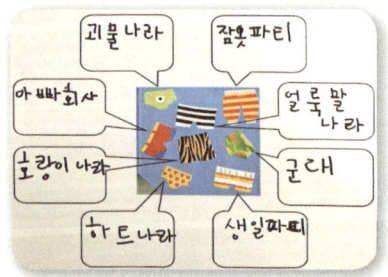 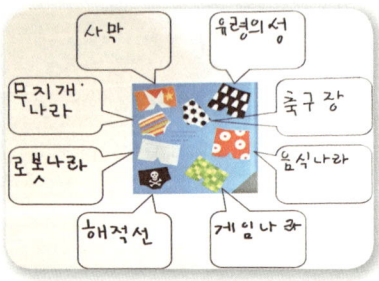

놀이 동영상

chapter 8

예술

넌 낙서가 좋아?
《키스해링의 낙서장》

📚 그림책 소개 (매슈 버제스 글, 조시 코크런 그림, 2020, 스푼북)

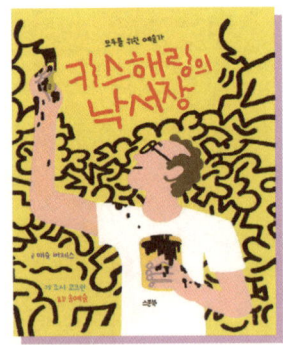

《키스해링의 낙서장》
ⓒ매슈 버제스, 스푼북

미국의 3대 팝 아티스트로 불리는 낙서와 예술의 경계를 무너뜨린 키스해링의 이야기입니다. 키스해링의 작품을 오마주한 그림과 그의 모습을 최대한 비슷하게 구현했습니다. 키스해링의 어린 시절 이야기와 소수와 약자를 위해 그리고 어린이와 교감하며 그림을 그린 다양한 에피소드가 담겨있습니다.

문해력이 자라는 시간

1. 표지 보며 이야기 상상하기

그림(제목 숨기고)
무엇이 보이니? 이 사람은 무엇을 하고 있을까? 여기는 어디일까?
검은 색으로만 그림을 그리는 사람일까? 그림은 무슨 모양을 닮았니?

자기보다 더 큰 그림을 그리면 기분이 어떨까?

손과 옷에 물감이 묻었는데 괜찮을까?

제목

예술가는 어떤 사람일까? 모두를 위한 예술가는 어떤 사람일까?

낙서는 무엇일까? 낙서는 주로 어디에 할까?

사람들이 낙서를 하는 이유는 뭘까?

키스해링이 낙서를 하는 이유는 뭘까?

사람들은 키스해링의 낙서를 좋아할까?

나도 낙서를 해본 적 있을까? 내가 낙서를 해보고 싶은 곳은?

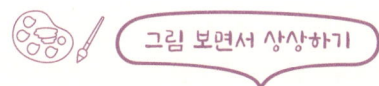

사람, 붓, 물감이 보여요. 이 사람은 카페 벽에 그림을 그리고 있어요. 지금 검은 색 물감밖에 없어요. 그림은 사람 뇌 모양 같아요. 큰 그림을 그리면 새로운 아이디어가 많이 떠오를 것 같아요. 옷은 빨면 되니까 물감이 묻어도 괜찮아요.

제목 보면서 상상하기

예술가는 그림을 그리는 사람이에요. 아름다운 그림으로 사람들을 기쁘게 해줘요. 낙서는 마음대로 그리는 거예요. 친구들은 장난치고 싶어서 공책에 낙서 많이 해요. 키스해링이 유치원에서 아이들한테 낙서를 보여주려고 해요. 나는 스케치북에 낙서했어요. 친구 얼굴에 낙서하면 재밌을 것 같아요. 나는 그림이 없는 마스크, 안경, 옷에도 낙서를 해보고 싶어요.

2. 어휘력 쑥쑥

모르는 낱말 2~3개 찾기 - 사전 찾기 - 낱말 수첩에 적고 문장 만들기

예원이의 낱말 수첩

❶ 예술 : 아름다움을 창조하고 표현하는 인간의 활동
　　문장 : 지구를 예술 작품으로 그렸다.
❷ 존경 : 남의 훌륭한 인격을 높여 공손히 받들어 모심
　　문장 : 학교 선생님을 존경한다.

3. 캐릭터 그리기

- 책 제목, 작가, 출판사 적기
- 주인공을 그리고 이름과 특징 적기
- 독서나무에 붙이기

4. '종이 그림' VS '벽화' 공통점과 차이점 벤다이어그램

종이 그림
- 힘이 적게 든다
- 방향을 바꿀 수 있다
- 물감이 안 떨어진다

그리는 것
재료가 많다

벽화
- 힘이 많이 든다
- 방향을 바꿀 수 없다
- 물감이 떨어진다

5. 6하 원칙에 맞게 이야기 바꿔 쓰기 (**의 낙서장)

- 언제일까? 먼 미래
- 어디에 있을까? 지구
- 누가 나올까? 우주인
- 무엇을 할까? 우주 물감
- 어떻게 될까?
  땅 전체에 낙서를 했다
- 왜 그렇게 될까?
  지구인이 인사를 받지 않아서

우주인의 낙서장

먼 미래에 우주인이 지구로 왔다. 그런데 지구인이 인사를 받지 않아서 우주 물감으로 땅 전체에 낙서를 했다.

키스해링의 낙서장
① 예술: 아름다움을 창조하고 표현하는 인간의 활동
지구를 예술작품으로 그렸다.

② 존경: 남의 훌륭한 인격을 높여 공손히 받들어 모심
학교 선생님을 존경한다.

4. '종이 그림' VS '벽화' 공통점과 차이점 벤다이어그램

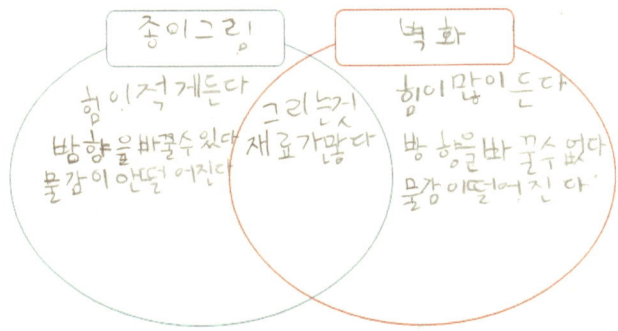

5. 6하 원칙에 맞게 이야기 바꿔 쓰기 (우주인의 낙서장)

- 언제 할까? 먼 미래
- 어디에서 할까? 지구
- 누가 할까? 우주인
- 무엇으로 할까? 우주물감
- 어떻게 할까? 땅 전체에 낙서를 했다
- 왜 할까? 지구인이 인사를 받지 않아서

이야기 연결해서 쓰기

먼 미래에 우주인이 지구로 왔다. 그런데 지구인이 인사를 받지않아서 우주물감으로 땅 전체에 낙서를 했다

슬로리딩 놀이

놀이❶ 키스해링의 그림 완성하기

뒤표지 키스해링의 그림을 흑백으로 복사하고 색칠해보세요.

- 그림에서 어떤 사람, 모양이 보이는지 이야기 나누기
- 다양한 채색도구를 준비하여 알록달록 색칠하기
- 색칠한 그림과 처음 그림 비교하여 어떤 느낌인지 이야기 나누기

놀이❷ 둘이서 완성하는 그림

키스해링이 아버지와 함께 번갈아가며 그림을 그린 장면을 보고 둘이서 번갈아 그림을 그려보세요.

- 가위바위보로 먼저 그릴 사람 정하기
- 타이머로 시간을 정해 두 사람이 번갈아가며 그림 그리기
- 완성된 그림을 보며 어울리는 작품명 짓기

놀이❸ 암호 아지트 꾸미기

키스해링이 어린 시절 만든 아지트를 보고 우리들의 아지트를 만들어 보세요.
- 집의 어느 곳에 무엇으로 아지트를 만들 수 있을지 이야기 나누기
- 필요한 물건을 찾아 아지트 꾸미고 암호 정하기
- 안에 한 사람이 들어가고 밖에서 암호를 말하고 들어가기

놀이❹ 식빵 도화지에 물감은 케첩

음식 위에 그림을 그리는 새로운 도전을 해보세요.
- 식빵과 케첩, 잼 등을 준비하기
- 식빵 위에 각자 그리고 싶은 것을 케첩 혹은 잼으로 그리기
- 작품명을 정해 식빵 혹은 종이에 적고 소감 나누기

놀이❺ 손도장 모빌과 손도장 티셔츠

키스해링이 손도장 모빌을 만들고, 티셔츠에 그림 그리는 장면을 보고 따라 해보세요.
- 가족들의 손에 물감을 묻혀 종이에 손도장을 찍고 오려 모빌 만들기
- 하얀 색 티셔츠 위에 패브릭 물감으로 가족들의 손도장 찍기
- 티셔츠에 각자 그리고 싶은 그림을 그려도 됨

놀이❻ 나도 벽화 그리기

키스해링의 수많은 벽화를 감상하고 벽화를 직접 그려보세요.
- 주택이라면 담벼락에 페인트 혹은 분필로 벽화 그리기
- 아파트라면 화장실 타일과 유리창에 벽화 그리기
- 담벼락의 느낌과 비슷한 사포 위에 그리기

놀이❼ 벽화 마을 나들이

가까운 곳에 위치한 벽화 마을을 찾아가보세요
- 간단한 도시락을 준비하여 벽화 마을 나들이 가기
- 다양한 벽화 감상하고 마음에 드는 그림 찾기
- 벽화 속 인물이 되어 조각상 되어 보기

놀이 동영상

년 언제 가장 멋져?
《나보다 멋진 새 있어?》

📚 그림책 소개 (매리언 듀카스 지음, 2018, 국민서관)

《나보다 멋진 새 있어?》
ⓒ매리언 듀카스, 국민서관

유난히 다리가 길고 가는 새 빌리는 놀림을 받습니다. 빌리는 다리를 굵게 만들기 위해 여러 가지 시도를 하지만 소용이 없습니다. 미술관에 들어간 빌리는 그림에서 영감을 얻습니다. 물감으로 자신의 부리에 그림을 그리고 친구들은 그 모습을 부러워하게 됩니다. 빌리는 이제 가느다란 다리마저 자랑스럽게 여기게 됩니다.

문해력이 자라는 시간

1. 표지 보며 이야기 상상하기

그림 (제목 숨기고)

무엇이 보이니? 새의 몸에서 어느 부분이 가장 신기하니?

새는 어디를 보고 있을까? 새는 지금 무슨 생각을 하고 있을까?

밑에 있는 작은 동물은 누구일까? 둘은 어떤 사이일까?
새의 발 앞에 있는 작은 컵에는 무엇이 담겼을까? 왜 거기 있을까?

제목
멋지다는 것은 무엇일까? 무엇이 멋지다고 생각하니?
제목은 누구에게 묻는 말일까?
새는 자신의 어느 부분이 멋지다고 생각할까?
멋진 새하면 떠오르는 새가 있니?
나에게도 멋진 점이 있을까?

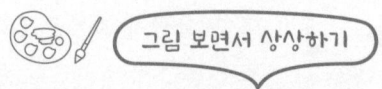

새, 박쥐, 그릇, 붓이 보여요. 새가 다리가 길고 꼬리가 뚱뚱해서 신기해요. 새는 나보다 더 잘 나는 새가 있는지 하늘을 보고 있어요. 새와 박쥐는 좋은 친구 사이에요. 컵에는 물감이 있어요. 새와 박쥐는 흰 색 벽에 물감을 칠하려고 해요.

> 제목 보면서 상상하기

멋진 것은 더 좋은 거예요. 나는 구름, 햇빛, 인형, 집이 멋지다고 생각해요. 옷을 많이 갖고 있는 사람도 멋진 것 같아요. 새가 작은 박쥐에게 묻고 있어요. 이 새는 다리가 길어서 멋지다고 생각할 것 같아요. 나는 독수리가 사냥을 잘 해서 멋진 것 같아요. 피아노 치고 그림 그리는 내가 멋져요. 귀여운 내 얼굴이 멋져요.

2. 어휘력 쑥쑥

모르는 낱말 2~3개 찾기 – 사전 찾기 – 낱말 수첩에 적고 문장 만들기

예원이의 낱말 수첩

❶ 우스꽝스럽다 : 매우 우스운 데가 있다.

　문장 : 화가가 그린 그림이 우스꽝스럽다.

❷ 과감하다 : 일을 딱 잘라서 결정하고 용감하다

　문장 : 운전을 처음 하는 사람이 과감하게 운전했다.

3. 캐릭터 그리기

- 책 제목, 작가, 출판사 적기
- 주인공을 그리고 이름과 특징 적기
- 독서나무에 붙이기

4. '손' VS '발' 공통점과 차이점 벤다이어그램

손 / 발

손바닥은 통통하다
손가락은 길다
장갑을 낀다

움직인다
물건을 잡을 수 있다

발바닥은 길쭉하다
발가락은 짧다
양말을 신는다

5. 6하 원칙에 맞게 이야기 바꿔 쓰기 (나보다 멋진 ** 있어?)

- 언제일까? 밤
- 어디에 있을까? 미술관
- 누가 나올까? 그림
- 무엇을 할까? 그림을 그린다
- 어떻게 될까? 그림과 친구가 된다
- 왜 그렇게 될까?
  화가가 팔을 다쳐서

나보다 멋진 그림 있어?

밤에 미술관에서 그림이 그림을 그린다. 화가가 팔을 다쳐서 그림은 친구를 만들려고 그림을 그렸다.

나보다 멋진재있어?
① 우스꽝스럽다: 매우 우스운데가있다
화가가그린그림이 우스꽝스럽다.

② 과감하다: 일을 딱 잘라서 결정하고
용감하다.
운전을 처음하는사람이 과감하게 운전했다.

4. '손' VS '발' 공통점과 차이점 벤다이어그램

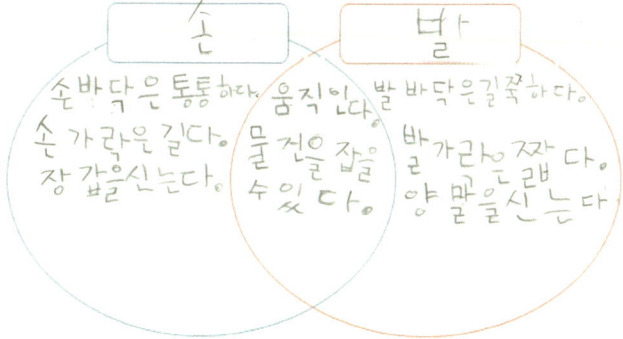

손바닥은 통통하다. 움직인다. 발바닥은 길쭉하다.
손가락은 길다. 물건을 잡을 발가락은 짧다.
장갑을 낀는다. 수 있다. 양말을 신는다.

5. 6하 원칙에 맞게 이야기 바꿔 쓰기 (나보다 멋진그림있어?)

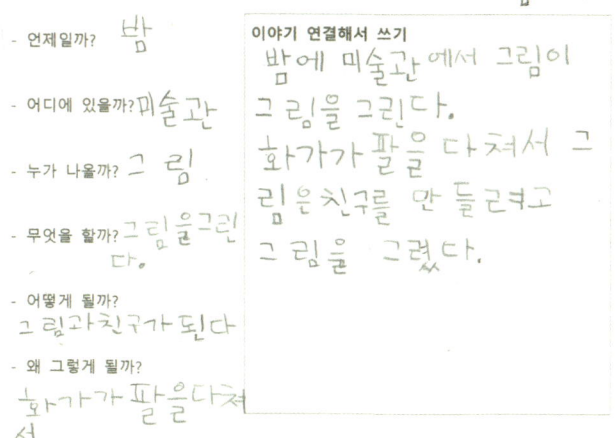

- 언제일까? 밤
- 어디에 있을까? 미술관
- 누가 나올까? 그림
- 무엇을 할까? 그림을그린다.
- 어떻게 될까? 그림과친구가된다
- 왜 그렇게 될까? 화가가팔을다쳐서

이야기 연결해서 쓰기
밤에 미술관에서 그림이
그림을 그린다.
화가가 팔을 다쳐서 그
림은 친구를 만들려고
그림을 그렸다.

슬로리딩 놀이

놀이❶ 빌리와 함께 운동하기

빌리가 했던 운동 동작들을 잘 관찰하고 따라 해보세요.
- 빌리의 동작을 따라서 움직여보기
- 책에 나온 동작 이외에 새로운 동작 만들어 해보기
- 빌리와 함께 운동한 느낌을 이야기 나누기

놀이❷ 빌리와 함께 음식을 우걱우걱

빌리가 다양한 음식을 한 상 차리고 먹는 장면을 보고 맛있게 먹기를 해보세요.

- 음식점에 가거나 집에서 음식 준비하기
- 배가 많이 부르다고 느낄 만큼 충분히 먹기
- 음식을 우걱우걱 꾸역꾸역 먹은 느낌 이야기 나누기

놀이❸ 빌리와 함께 패션쇼

빌리가 옷가게에서 다양한 옷을 입고 있는 장면을 보고 마음에 드는 옷을 입고 포즈를 취해 보세요.
- 마음에 드는 몇 가지 옷과 모자 등을 준비하기
- 차례로 옷과 모자를 매치하여 입고 포즈 취하기
- 여러 옷을 갈아입고 거울을 본 느낌 이야기 나누기

놀이❹ 빌리와 함께 미술관 체험

빌리가 미술관에 가서 영감을 떠올린 것처럼 미술관으로 나들이 가서 나의 영감을 찾아보세요.
- 미술관에서 나의 마음을 끄는 그림 찾기
- 미술관에 갈 수 없다면 미술관 사이트를 검색하여 공개된 작품들 감상하기
- 가장 마음에 드는 그림을 모작으로 그려보기

놀이⑤ 빌리처럼 몸에 그림 그리기

빌리가 자기 몸에 그림을 그린 장면을 보고 몸에 그림을 그려보세요.
- 얼굴이나 손에 그릴 수 있는 물감 준비하기
- 빌리가 그림을 그린 앙리 마티스, 잭슨 폴록의 작품 찾기
- 화가들의 그림을 참고하여 얼굴 혹은 손등에 그림 그리기

놀이⑥ 빌리와 함께 멋진 워킹을

빌리가 자신의 다리를 자랑스러워하며 걷는 장면을 떠올려 보고 모델처럼 걸어보세요.
- 모델들의 워킹 영상 찾아서 보기
- 거실에서 출발 지점과 마침 지점을 정하기
- 모델처럼 우아하고 멋지게 걷고 소감 나누기

놀이❼ 발바닥 그림 그리기

면지에 빌리의 발바닥 그림이 나온 장면을 보고 나의 발바닥 그림을 그려보세요.

- 큰 전지와 핑거페인팅 물감 준비하기
- 어떤 발바닥 그림을 그릴지 생각해보기
- 물감을 발에 묻히고 찍으며 그리고 작품명 짓기

놀이 동영상

예술 03

넌 어떤 음악이 좋아?
《10층 큰 나무 아파트에 음악회가 열려요》

 그림책 소개(부시카 에쓰코 글, 스에자키 시게키 그림, 2022, 미래엔아이세움)

《10층 큰 나무 아파트에 음악회가 열려요》ⓒ부시카 에쓰코, 미래엔아이세움

폭풍우가 몰아치는 밤에 10층 큰 나무 아파트 관리인은 문 두드리는 소리를 듣습니다. 연주 여행 중인 철새 혼성 합창단에게 아파트 주민들은 친절을 베풀고, 철새들은 보답으로 깜짝 음악회를 준비합니다. 합창단의 연주와 노래를 듣던 아파트 동물들은 모두 앞으로 나가 함께 노래를 불렀고 우렁찬 합창이 됩니다.

 문해력이 자라는 시간

1. 표지 보며 이야기 상상하기

그림(제목 숨기고)
무엇이 보이니? 동물들은 무엇을 하고 있을까? 여기는 어디일까? 모두 웃고 있는 이유는 무엇일까? 다양한 동물들은 어떻게 만났을까?

큰 새들만 왜 같은 옷을 입고 있을까? 함께 노래를 불러본 적 있니?

제목

음악회는 무엇일까? 음악회를 TV에서 보거나 직접 가서 본 적 있니?
공연장이 아닌 아파트에서 음악회가 열린 이유는 무엇일까?
많은 사람들 앞에서 노래를 부르거나 악기를 연주하면 기분이 어떨까?
음악회를 내가 열 수 있다면 어디에서 열고, 누구를 초대하고 싶니?

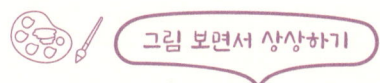

원숭이, 참새, 토끼, 부엉이, 두더지, 개구리가 보여요. 무대에서 동물들은 노래를 하고 있어요. 동물들은 노래를 신나게 부르고 칭찬을 받아서 웃고 있어요. 동물들은 같은 학교에 다니고 있어요. 큰 새들이 먼저 노래를 부르고 있고, 다른 동물들이 지나가다가 듣고 노래 부르고 싶어서 왔어요. 나는 친구 집에 초대를 받아서 파티를 하면서 노래를 같이 불렀어요.

음악회는 무대에서 노래 부르고 연주하는 거예요. 친구가 놀이터에서 공연을 한다고 해서 갔는데 친구가 피리를 불었어요. 사람이 많이 보면 부끄러우니까 아파트에서 친한 친구만 불러서 음악회를 했어요. 나는 재롱 잔치할 때 사람들이 박수를 치고 앵콜을 해서 신났어요. 친구를 집에 초대해서 내가 노래하고 피아노 치는 것을 보여주고 싶어요.

2. 어휘력 쑥쑥

모르는 낱말 2~3개 찾기 – 사전 찾기 – 낱말 수첩에 적고 문장 만들기

예원이의 낱말 수첩

❶ 철새 : 철을 따라 이리저리 자리를 옮겨가는 새
   문장 : 철새가 이사를 갔다.
❷ 혼성 : 섞여서 이루어짐
   문장 : 혼성으로 책 만들기를 했다.

3. 캐릭터 그리기

- 책 제목, 작가, 출판사 적기
- 주인공을 그리고 이름과 특징 적기
- 독서나무에 붙이기

4. '음악' VS '미술' 공통점과 차이점 벤다이어그램

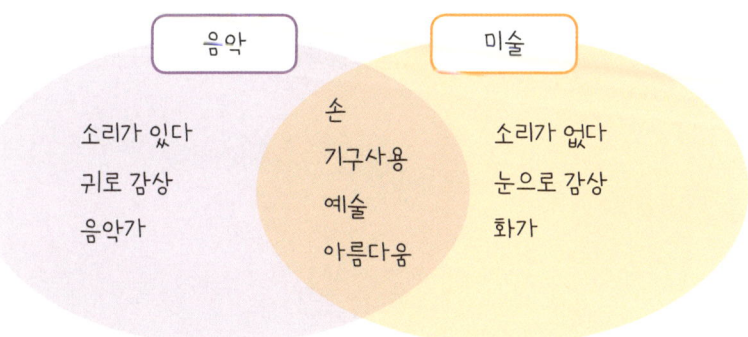

음악 / 미술

소리가 있다
귀로 감상
음악가

손
기구사용
예술
아름다움

소리가 없다
눈으로 감상
화가

5. 6하 원칙에 맞게 이야기 바꿔 쓰기 (**에 음악회가 열려요)

- 언제일까? 생일
- 어디에 있을까? 공원
- 누가 나올까? 돼지 형제들
- 무엇을 할까? 음식 연주
- 어떻게 될까?
  다른 동물들도 함께 한다
- 왜 그렇게 될까? 맛있어서

공원에 음악회가 열려요

막내 돼지에 생일이었다. 돼지 형제들이 음식 연주 음악회를 열었다. 맛있는 음식 냄새 때문에 다른 동물들도 음악회에 왔다.

10층은 나무아파트에 음악회가 열려요
① 철새: 철을 따라 이리저리 자리를 옮겨사는 새
철새가 이사를 갔다.
② 혼성: 섞여서 이루어짐
혼성으로 책 만들기를 했다.

4. '음악' VS '미술' 공통점과 차이점 벤다이어그램

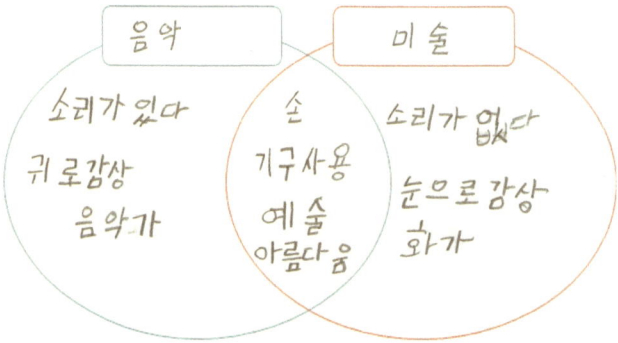

음악 / 미술
- 소리가 있다, 귀로 감상, 음악가
- 소 기구사용 예술 아름다움
- 소리가 없다, 눈으로 감상, 화가

5. 6하 원칙에 맞게 이야기 바꿔 쓰기 (공원 에 음악회가 열려요)

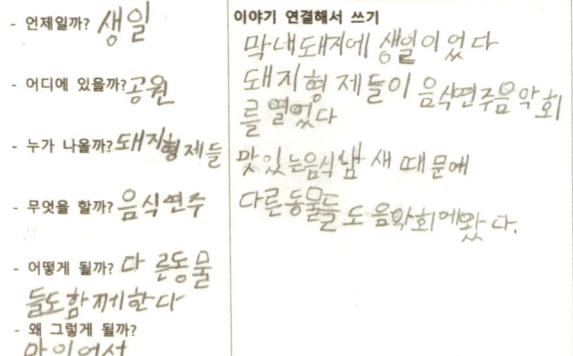

- 언제일까? 생일
- 어디에 있을까? 공원
- 누가 나올까? 돼지형제들
- 무엇을 할까? 음식연주
- 어떻게 될까? 다른동물들도 함께한다
- 왜 그렇게 될까? 맛있어서

이야기 연결해서 쓰기
막내돼지에 생일이었다 돼지형제들이 음악연주 음악회를 열었다 맛있는음식냄새 때문에 다른동물들도 음악회에왔다.

슬로리딩 놀이

놀이❶ 음악회 영상 즐기기

큰 나무 아파트 동물들이 음악회를 즐기는 장면을 보고 음악회에 대해 알아보세요.
- 어떤 음악회(숲속·고택·마을·가족 음악회)가 열리는지 검색하기
- 다양한 종류의 음악회가 있는 이유에 대해 이야기 나누기
- 음악회 영상을 찾아 감상하고 감상 소감 이야기 나누기

놀이❷ 몸도 악기가 될 수 있어

사람의 몸에서 낼 수 있는 다양한 소리로 연주 해보세요.
- 몸을 사용하여 다양한 소리를 낼 수 있는 방법 탐색하기
- 가슴과 배 두드리기, 몸 비비기, 손뼉 치기, 발 구르기 등
- 음악에 맞춰 몸 악기를 연주하고, 소감을 이야기 나누기

놀이❸ 주방 도구 난타

난타 영상을 찾아서 보고 집에서 난타 연주를 해보세요.
- 프라이팬, 도마, 냄비, 스테인 볼, 국자, 숟가락, 젓가락 등을 준비하여 각 도구들을 하나씩 두드리며 소리 탐색하기

- 도구들을 긁거나 비벼보는 등 다양한 방법으로 연주하기
- 도구를 나누어 정하고 음악에 맞춰 난타 연주하기

놀이❹ 새로운 악기 배우기

혼자서 간단히 배우고 연주할 수 있는 악기를 배워보세요.
- 칼림바, 카주 같은 배우기 쉬운 악기 준비하기
- 칼림바는 음계가 숫자로 되어 누구나 쉽게 배울 수 있음
- 카주는 저렴하면서 '뚜우' 목소리만으로 연주가 가능함

놀이⑤ 내가 악기를 만들어요

다양한 악기의 종류를 알아보고 직접 악기를 만들어 연주해 보세요.
- 간단한 재료로 만들 수 있는 악기 찾기
- 유리병 실로폰, 요구르트 마라카스, 빨대 팬플룻 만들기
- 재료를 준비하고 만든 후, 함께 연주하고 소감 나누기

유리병 실로폰　　　요구르트 마라카스　　　빨대 팬플룻

놀이⑥ 가족 음악회를 열어요

가족 음악회를 열어 노래 혹은 악기 연주를 해보세요.
- 다른 친척 혹은 친구들을 초대하면 더 좋음
- 사회자를 정하고 순서 정하기
- 거실을 음악회 무대로 꾸미고, 음악회를 열고 박수로 응원하기

놀이❼ 음악회 나들이

지역에서 열리는 음악회 장소로 나들이 가보세요.
- 주변 지역에서 열리는 음악회 알아보기
- 가족과 함께 음악회 감상하기
- 음악회에 다녀온 소감 이야기 나누기

놀이 동영상

예술 04

너도 춤춰볼까?
《어떤 하루》

📚 그림책 소개 (장순녀 지음, 2020, 봄개울)

《어떤 하루》©장순녀, 봄개울

상냥하고 다정한 아기 하마 하루는 춤추는 걸 좋아합니다. 하지만 부모님은 하루가 운동을 해서 씩씩한 남자가 되기를 바랍니다. 하루는 체육관에 다니며 힘자랑 대회에 나가지만 넘어지면서 대회에서 실패합니다. 하지만 하루는 실망하지 않고 실컷 춤을 춥니다. 부모님에게 하루는 춤을 보여드리고 하루는 무대에 올라 높이 날아오릅니다.

🔍 문해력이 자라는 시간

1. 표지 보며 이야기 상상하기

그림(제목 숨기고)

무엇이 보이니? 하마는 무엇을 하고 있을까? 하마는 어디에 있을까? 하마 뒤에 있는 흰 선은 무엇일까? 날개라면 날 수 있을까?

흰 점들은 무엇일까? 바닥에 있는 흰 선은 무엇일까?
하미는 왜 웃고 있을까? 하미는 왜 목에 노란 목도리를 하고 있을까?

제목
하루는 무엇일까? 하루 앞에 '어떤'이라는 단어는 왜 있을까?
제목의 '루' 글자는 어떻게 생겼니? '루'를 왜 이렇게 길게 그렸을까?
하미는 하루 동안 무엇을 할까? 나는 어떤 하루가 좋니?

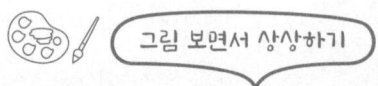
그림 보면서 상상하기

하마, 목도리, 날개, 눈이 보여요. 눈이 내리는 밖에서 하마는 발레를 하고 있어요. 발레할 때 날개를 메고 하면 좋을 것 같아서요. 날개는 벽에 그려진 그림일 수도 있어요. 나는 게 아니라 점프하는 거예요. 흰 점은 눈이고 흰 선은 바람이에요. 하마는 사진 찍어주는 엄마를 보면서 웃고 있어요. 노란색을 좋아하고 추우니까 목도리를 하고 있어요.

> 제목 보면서 상상하기

하루는 생활하는 거예요. 하루마다 다를 수 있으니까 '어떤'이라고 해요. '루'가 영어J, 우산 손잡이를 닮았어요. 바람이 많이 부니까 글씨가 날리는 모습으로 그렸어요. 하루가 길어서 이렇게 길게 그렸어요. 선생님이 미션을 주셔서 하마는 하루 동안 춤을 춰요. 나는 토요일이 학원도 안 가고 자유라서 좋아요.

2. 어휘력 쑥쑥

모르는 낱말 2~3개 찾기 - 사전 찾기 - 낱말 수첩에 적고 문장 만들기

예원이의 낱말 수첩

❶ 등록 : 허가나 자격을 얻기 위해 단체의 문서에 이름을 올리는 일
  문장 : 나는 미용 학원에 등록했다.

❷ 기합 : 정신을 모아 어떤 일을 하는 기세를 올리기 위해 지르는 소리
  문장 : 판자 격파할 때 기합을 넣었다.

3. 캐릭터 그리기

- 책 제목, 작가, 출판사 적기
- 주인공을 그리고 이름과 특징 적기
- 독서나무에 붙이기

4. '운동' VS '춤' 공통점과 차이점 벤다이어그램

운동
- 힘을 많이 써야 된다
- 근육이 생긴다

공통
- 몸으로 한다
- 건강하다

춤
- 음악이 필요하다
- 몸이 유연해진다

5. 6하 원칙에 맞게 이야기 바꿔 쓰기 (어떤 **)

- 언제일까? 방학
- 어디에 있을까? 놀이터
- 누가 나올까? 놀이
- 무엇을 할까? 놀이
- 어떻게 될까?
  놀이하다가 차에 갇혔다
- 왜 그렇게 될까? 숨었다가

어떤 놀이

방학에 놀이라는 아이가 놀이터에서 친구와 놀고 있었다. 친구는 트럭을 텐트라고 생각했다. 트럭이 갑자기 움직이더니 쓰레기장으로 갔다. 큰일 날 뻔했는데 아저씨가 구해주셨다.

어떤하루
① 등록: 허가 나 자격을 얻기위해 단체의
문서에 이름을 올리는 일
나는 미용학원에 등록했다

② 기합: 정신을 모아 어떤일을 하는 기세
를 올리기위해 지르는 소리
판 자격파 할때 기합을 넣었다

4. '운동' VS '춤' 공통점과 차이점 벤다이어그램

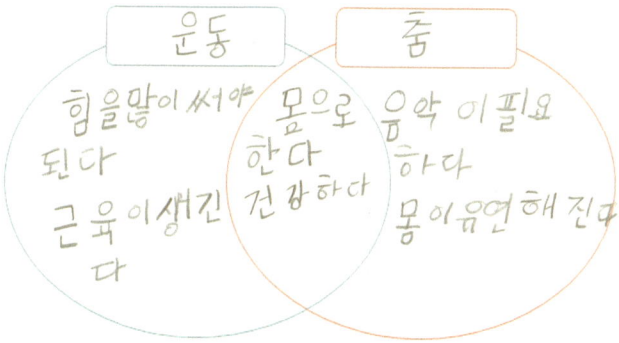

운동: 힘을 많이 써야 된다 / 근육이 생긴다
공통: 몸으로 한다 / 건강하다
춤: 음악이 필요하다 / 몸이 유연해진다

5. 6하 원칙에 맞게 이야기 바꿔 쓰기 (어떤 놀이)

- 언제일까? 방학
- 어디에 있을까? 놀이터
- 누가 나올까? 놀이
- 무엇을 할까? 놀이
- 어떻게 될까? 놀이하다 가차에 갇히다
- 왜 그렇게 될까? 숨었다가

이야기 연결해서 쓰기

방학에 놀이라는아이가
놀이터에서 친구와 놀고 있었다.
친구는 트럭을 텐트라고 생각했
다. 트럭이 갑자기 움직이더니
쓰레기장으로 갔다. 큰일날뻔
했는데 아저씨가 구해주셨다.

슬로리딩 놀이

놀이❶ 하루와 함께 콩콩, 빙그르르, 폴짝

하루가 처음으로 춤을 추는 장면을 보고 기본 동작 따라 해보세요. 층간 소음이 걱정된다면 야외에서 놀이하세요.
- 가볍게 콩콩 뛰기
- 제자리에서 빙그르르 돌기
- 폴짝 무릎을 모으고 가볍게 뛰기

놀이❷ 운동으로 힘을 키워요

하루가 체육관에서 운동한 장면을 보고 가족이 함께 운동해보세요.
- 체육관 혹은 야외 공원에 있는 운동기구를 사용해 운동하기
- 집에 있는 운동기구나 줄넘기를 일주일동안 꾸준히 하기
- 달력이나 운동기록표를 만들어 기록하기

놀이❸ 우리 가족 자랑 대회

가족들이 각자 잘하는 것이 무엇인지 생각하고 가족 자랑 대회를 열어보세요.

- 우리 가족 자랑 대회 준비하기
- 포스터를 만들어 문 앞에 붙이기
- 춤, 태권도, 악기 연주, 그림 등 가족 자랑 대회 진행하기

놀이❹ 빙글빙글 연속 돌기 도전

하루가 노란 목도리를 손에 들고 연속 돌기하는 장면을 보고 따라 해보세요.

- 목도리, 스카프 등을 준비하기
- 목도리, 스카프를 손에 들고 연속 돌기 해보기
- 연속 돌기 영상을 찾아서 감상하고 따라서 연습하기

놀이❺ 온 가족이 춤을 춰요

춤을 온전히 즐기는 하루를 생각하며 춤을 즐겨보세요.
- 가족이 좋아하는 동요나 음악 틀기
- 한 명씩 앞으로 나와 춤추기
- 온 가족이 함께 음악에 맞춰 춤추기

놀이❻ 단어 연결하여 문장 만들기

엄마, 아빠가 하루에 대해 이야기하는 장면을 보고 나의 생각을 말해 보세요.
- 단어를 보고 어떤 이야기인지 예상해보기
- 단어들을 연결하여 문장 만들기
- '남자는 울면 안 된다. 남자는 씩씩해야한다.'에 대한 의견도 나누기

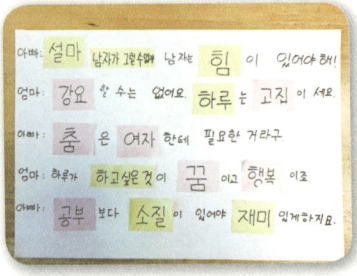

놀이❼ 춤추는 영상 감상하고 해보기

영화 '빌리 엘리어트'의 마지막 장면과 그림책 마지막 장면을 비교하고 빌리가 되어 날아보세요.
- 침대 위에서 하루처럼 가볍게 날아오르기
- 높이 날아오른 하루의 기분과 나의 기분 이야기 나누기
- 빌리 엘리어트 뮤지컬 보기

놀이 동영상

chapter 9

음식

음식 01

달케이크 먹어볼까?
《달케이크》

 그림책 소개 (그레이스 린 지음, 2019, 보물창고)

《달케이크》ⓒ그레이스 린, 보물창고

별이와 엄마는 함께 달케이크를 만들어 식히려고 하늘에 띄워 놓습니다. 한밤중에 깬 별이는 사뿐사뿐 달케이크로 가서 냠냠 조금만 떼어 먹습니다. 밤마다 별이는 달케이크를 조금씩 먹습니다. 어느 날 엄마가 달케이크를 보니 작은 부스러기만 반짝입니다. 엄마와 별이는 다시 새 달케이크를 만듭니다.

 문해력이 자라는 시간

1. 표지 보며 이야기 상상하기

그림(제목 숨기고)

무엇이 보이니? 아이는 무엇을 하고 있을까?

노란 색은 처음부터 이런 모양이었을까?

저 음식은 누구 만들어주었을까? 맛은 어떨까?

아이 혼자서 다 먹을 수 있을까?

저 음식을 먹고 나면 어떤 변화가 생길까?

제목

케이크를 좋아하니? 케이크가 좋은 이유와 싫은 이유는?

케이크를 만들어본 적 있니? 달케이크는 어떤 걸까?

달케이크를 만들려면 어떤 재료들이 필요할까?

영어 제목은 '작은 별을 위한 큰 달케이크'라고 적혀있는데 작은 별은 누구일까?

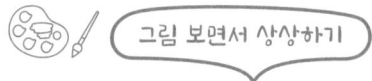

아이, 과자가 보여요. 외계인이 달을 먹고 있어요. 처음에 달은 동그랗게 생겼어요. 외계인이 직접 만들어서 먹어요. 외계인이 먹는 특별한 맛일 것 같아요. 혼자서 다 먹으면 외계인이 별로 변신해요.

제목 보면서 상상하기

케이크는 생일 때 먹는 거예요. 케이크는 달콤해요. 케이크는 틀에 밀가루를 부어서 굽고 생크림 발라서 먹어요. 케이크 만들 때는 밀가루, 계란, 우유가 있어야 해요. 달케이크는 달 모양 케이크예요. 달을 녹여서 만드는 거예요. 작은 별은 아이이고, 작은 별이 달을 먹으면 달 소녀로 변해요.

2. 어휘력 쑥쑥

모르는 낱말 2~3개 찾기 – 사전 찾기 – 낱말 수첩에 적고 문장 만들기

예원이의 낱말 수첩

❶ 퍼뜩 : 얼른 곧
  문장 : 퍼뜩 방학 숙제를 했다.

❷ 방싯 : 입을 예쁘게 벌리며 말소리 없이 가볍고 보드랍게 살짝 한번 웃는 모양
  문장 : 공부가 끝나서 방싯 웃었다.

3. 캐릭터 그리기

- 책 제목, 작가, 출판사 적기
- 주인공을 그리고 이름과 특징 적기
- 독서나무에 붙이기

4. '달' VS '해' 공통점과 차이점 벤다이어그램

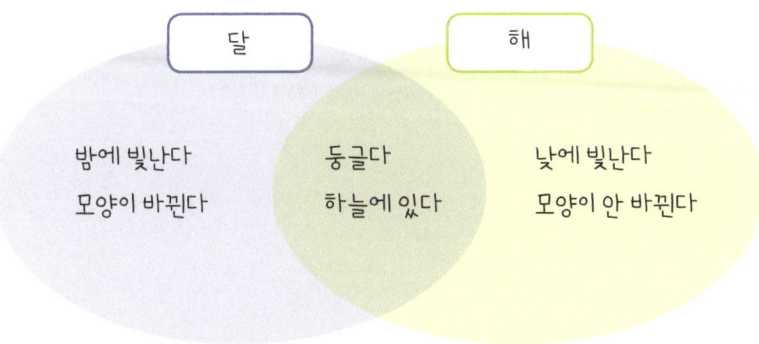

달: 밤에 빛난다, 모양이 바뀐다
공통점: 둥글다, 하늘에 있다
해: 낮에 빛난다, 모양이 안 바뀐다

5. 6하 원칙에 맞게 이야기 바꿔 쓰기 (** 케이크)

- 언제일까? 파티
- 어디에 있을까? 케이크 가게
- 누가 나올까? 하리보
- 무엇을 할까? 특별한 것을 만든다
- 어떻게 될까? 부자가 된다
- 왜 그렇게 될까? 유명해져서이다

젤리 케이크

케이크 가게에 하리보 직원이 파티에 특별한 젤리 케이크를 만들었다. 젤리 케이크가 유명해져서 하리보가 부자가 되었다.

음식

달케이크
① 퍼뜩: 얼른곧
퍼뜩 방학숙제를 했다.

② 방시: 입을 예쁘게 벌리 막 소리없이
가볍고 부드럽게 살짝 한번 웃는 모양
공부가 끝나서 방시 웃었다.

4. '달' VS '해' 공통점과 차이점 벤다이어그램

밤에 빛난다
모양이 바뀐다

둥글다
하늘에 있다

낮에 빛난다
모양이 안 바뀐다

5. 6하 원칙에 맞게 이야기 바꿔 쓰기 (젤리 케이크)

- 언제일까? 파티
- 어디에 있을까? 케이크 가게
- 누가 나올까? 하리보
- 무엇을 할까? 특별한 것을 만든다
- 어떻게 될까? 부자가 된다
- 왜 그렇게 될까? 유명해져서이다

이야기 연결해서 쓰기

케이크 가게에 하리보 직원이 파티에 특별한 젤리케이크를 만들었다. 젤리케이크가 유명해져서 하리보가 부자가 되었다.

288 그림책 슬로리딩 놀이

슬로리딩 놀이

놀이❶ 밤에 하는 숨바꼭질

별이가 엄마 소리를 듣고 다시 잠자리로 돌아오는 장면을 읽고 어두운 곳에서 숨바꼭질 놀이를 해보세요.

- 어두운 곳에서 다치지 않도록 물건 정리하기
- 살금살금 걸어서 움직이는 것이 규칙이라고 말하기
- 어두운 방에서 술래를 정해 숨바꼭질 혹은 잡기 놀이 해보기

놀이❷ 달 모양 그리기

별이가 달케이크 먹는 장면을 보고 달의 변화를 그려보세요.

- 12개 동그라미가 그려진 종이 준비하기
- 책에서 별이가 달케이크 먹는 장면 펼쳐 관찰하기
- 동그라미 안에 달케이크가 변하는 모습을 그리고 색칠하기

놀이❸ 달케이크 먹기 시합

별이가 달케이크를 먹는 것처럼 과자를 먹으며 달 모양을 만들어보세요.

- 둥근 빵 혹은 둥근 쌀과자 준비하기
- 달케이크를 12단계로 나눠서 먹기
- 중간에 부서지지 않고 먹는 게임하기

놀이❹ 달케이크 만들기

별이와 엄마가 달케이크를 만든 것처럼 직접 둥근 케이크를 만들어보세요.

- 면지에 케이크 만드는 장면 살펴보기
- 케이크를 만드는데 필요한 재료 준비하기
- 아이와 함께 달케이크 만들고 달 모양 만들며 먹기

놀이⑤ 달 이름과 모양 기억 게임

달의 변하는 이름을 알고 짝 짓기 게임도 해보세요.
- 달에 대한 지식그림책을 읽거나 인터넷에서 검색하기
- 초승달, 상현달, 보름달, 하현달, 그믐달 이름과 모양 기억하기
- 달카드를 만들어 뒤집고 짝 찾기 게임하기

놀이⑥ 달모양 변화를 관찰하는 실험

지구본과 둥근 공을 활용하여 달의 모양 변화를 실험해보세요.
- 지구본과 공 준비하기
- 흰 공에 반은 노란색, 반은 검정색 칠하기
- 공을 회전하면서 변하는 달모양 관찰하기

놀이❼ 하늘의 달 관찰하기

한 달 동안 같은 위치에서 달의 모양 변화를 관찰해보세요.
- 달력에서 양력과 음력의 차이 알려주기
- 음력 3일, 8일, 15일, 22일, 27일 밤에 달사진 찍기
- 달 사진과 책에 나온 달 모양 비교하기

놀이 동영상

음식 02
우리도 요리 해볼까?
《모두 하나가 되는 마법의 주문 들어와 들어와》

 그림책 소개(이달 글, 조옥경 그림, 2021, 달달북스)

《모두 하나가 되는 마법의 주문 들어와 들어와》ⓒ이달, 달달북스

함께 함의 즐거움을 알려주는 노래그림책입니다. 달걀은 채소와 과일에게 하나가 되고 요리가 되자고 합니다. 돌돌 만 김밥, 아삭한 샐러드, 겹친 샌드위치, 시원한 수박화채, 쏙쏙 꽂은 꼬치, 달콤한 케이크, 매콤달콤 떡볶이, 노릇노릇 튀김, 따끈한 만두, 맛난 피자가 되어 달걀은 혼자일 때도 좋지만 함께 하면 더 좋다고 합니다.

 문해력이 자라는 시간

1. 표지 보며 이야기 상상하기

그림(제목 숨기고)

무엇이 보이니? 채소들은 무엇을 하고 있을까? 여기는 어디일까? 채소들 기분은 어때 보여? 왜 그런 걸까?

계란은 왜 왕관을 쓰고 있을까?

계란은 무엇을 하고 있을까? 채소들은 앞으로 어떻게 될까?

제목

'들어와 들어와' 이 말을 들으니 어떻게 하고 싶어지니?

'모두 하나가 되는' 마법의 주문이 지금 왜 필요할까?

'모두 하나가 되는 주문'은 또 어디에 필요할까? 어떤 마법의 주문이 있으면 좋겠니?

채소, 피망, 토마토, 딸기, 브로콜리, 소금, 달걀이 보여요. 채소들은 놀이를 하고 있어요. 여기는 음식 세상이에요. 채소들은 숨바꼭질 하면서 노니까 신나요. 달걀이 대장이라서 왕관을 쓰고 있어요. 달걀은 요술봉으로 '밥이 만들어져라'고 외치고 있어요. 채소들은 소스가 뿌려지고 맛있는 요리가 되어서 사람이 먹어요.

> 제목 보면서 상상하기

'들어와'라고 하면 바로 들어가고 싶어요. '모두 하나가 되는 마법의 주문'은 손님이 배가 고파서 음식이 빨리 잘 만들어져야 하니까 필요해요. 축구 경기할 때 모두 하나가 되면 더 잘 할 수 있어요. 니는 '저기로 저기로' 빨리 갈 수 있는 순간이동 마법이 있으면 좋겠어요. 나는 '날아라 날아라' 구름을 좋아하는 친구를 위해 하늘을 나는 마법이 있으면 좋겠어요.

2. 어휘력 쑥쑥

모르는 낱말 2~3개 찾기 - 사전 찾기 - 낱말 수첩에 적고 문장 만들기

예원이의 낱말 수첩

❶ 화채 : 꿀이나 설탕을 탄 물에 얇게 저민 과일을 넣은 음료
  문장 : 아저씨가 화채를 팔았다.

❷ 후끈 : 갑자기 몹시 뜨거운 김이 일어나는 모양
  문장 : 여름에 사람이 햇빛 때문에 후끈후끈하다.

3. 캐릭터 그리기

- 책 제목, 작가, 출판사 적기
- 주인공을 그리고 이름과 특징 적기
- 독서나무에 붙이기

4. '채소' VS '과일' 공통점과 차이점 벤다이어그램

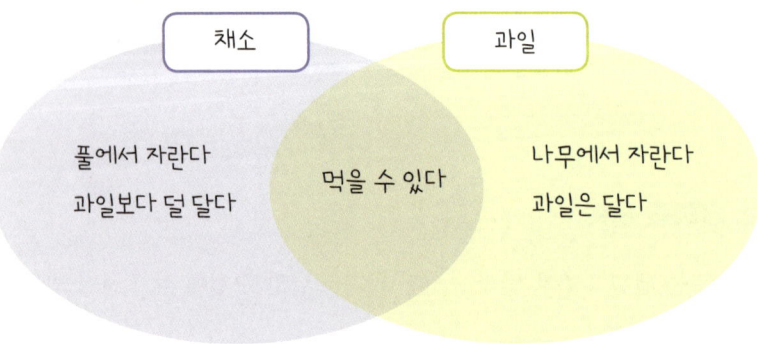

5. 6하 원칙에 맞게 이야기 바꿔 쓰기(주문 ** **)

- 언제일까? 봄
- 어디에 있을까? 정원
- 누가 나올까? 나비 요정
- 무엇을 할까? 피어라 주문을 건다
- 어떻게 될까? 꽃이 핀다
- 왜 그렇게 될까?
  나비가 건강해진다

> **주문 피어라 피어라**
>
> 봄에 꽃이 피지 않았다. 신비의 정원에서 나비 요정들이 와서 피어라 피어라 주문을 걸었다. 꽃이 펴서 나비들이 꿀을 먹고 건강해졌다.

들어와들어와
① 화제: 꿀이나 설탕을 탄 물에 얇게 저민 과일을 넣음으로 아저씨가 화채를 팔았다.

② 후끈: 갑자기 몸시 뜨거운 느낌이 일어나는 모양
여름에 사람 더 햇빛 때문에 후끈 후끈하다.

4. '채소' VS '과일' 공통점과 차이점 벤다이어그램

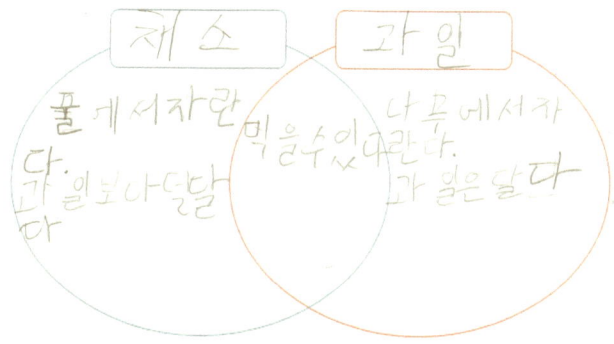

채소 / 과일
꿀에서자란다. 먹을수있다 나무에서자란다.
과일보다덜달다 과일은달다

5. 6하 원칙에 맞게 이야기 바꿔 쓰기 (모두 하나 되는 마법의 주문 | 거라자라)

- 언제일까? 봄
- 어디에 있을까? 정원
- 누가 나올까? 나비요정
- 무엇을 할까? 피어라 주문을 건다
- 어떻게 될까? 꽃이 핀다
- 왜 그렇게 될까? 나비가 건강해진다

이야기 연결해서 쓰기

봄에 꽃이 지 않았다. 친 바의 정원에서 나비요정들이 와서 피어라피어라 주문을 걸었다. 꽃이 피어서 나비들이 꿀을 먹고 건강해졌다.

음식 297

슬로리딩 놀이

놀이❶ 들어와 들어와 노래 부르기

그림책 동요를 찾아서 함께 불러보세요.

- 그림책 뒤표지의 QR코드로 '들어와 들어와' 노래 듣기
- 유튜브에서 '들어와 들어와' 노래와 율동 찾기
- '들어와 들어와' 율동하면서 신나게 노래 부르기

놀이❷ 달걀에 얼굴 그리기

주인공 달걀이 나온 장면들을 보고 달걀 친구를 만들어보세요.

- 삶은 계란 혹은 달걀 모형 준비하기
- 달걀에 네임펜, 매직으로 얼굴 그리기
- 달걀로 역할극 놀이하기

놀이❸ 이불 김밥 만들기

김밥이 나온 장면을 보고 아이와 몸으로 김밥 말기 놀이를 해보세요.
- 이불 위에 아이가 누우면 '김밥을 말자'라고 말하고 이불로 말아주기
- 긴 베개(단무지, 햄, 계란)를 더 넣어 말아주기
- 사람 김밥이 된 소감 나누기

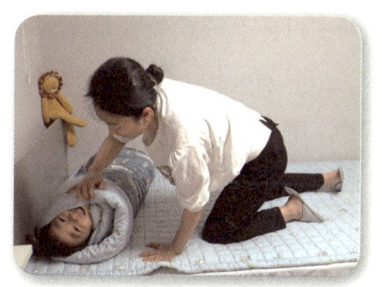

놀이❹ 이불 샌드위치 만들기

샌드위치가 나온 장면을 보고 사람 샌드위치 쌓기 놀이를 해보세요.
- 푹신한 이불이나 침대에서 몸이 큰 사람부터 차례로 눕기
- "나는 빵이야, 나는 양상추야, 나는 계란이야" 말하면서 눕기
- '샌드위치를 만들자'라고 말하고 이불(빵)-베개(양상추)-아이(햄)-베개(토마토)-이불(빵) 쌓기

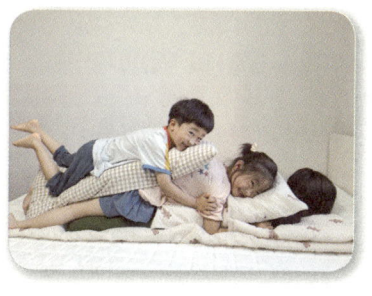

놀이❺ 요리 재료 장보기

책에 나온 음식들 중에 하나를 정해 장을 보세요.
- 김밥, 샌드위치, 수박화채, 과일꼬치, 케이크, 떡볶이, 튀김, 만두, 피자
- 그림책 속 요리 중에 함께 만들 요리 정하기
- 요리에 필요한 재료 적고 마트에 가서 아이가 직접 재료 찾기

놀이❻ 엄마와 함께 요리를

마트에 가서 사온 재료로 아이와 함께 요리를 해보세요.
- 음식을 만드는 과정을 엄마가 차근차근 설명해주기
- 아이가 할 수 있는 것들을 도우면서 함께 만들기
- 엄마와 함께 요리한 소감 나누기

놀이❼ 전단지 상품에 표정 그려넣기

책에 나온 채소와 과일들의 표정을 살펴보고 전단지 그림에 표정을 그려 보세요.

- 주변 마트 혹은 신문에서 전단지 모으기
- 전단지 속 과일과 야채, 물건 등에 표정 그려 넣기
- 종이를 오려 과일과 물건들의 대화를 넣어 역할극 놀이하기

놀이 동영상

초코가루 사러 갈까?
《초코가루를 사러가는 길에》

📚 그림책 소개 (박지연 지음, 2018, J터재능교육)

《초코가루를 사러가는 길에》
ⓒ박지연, J터재능교육

　무엇이든 안아주는 것을 좋아하는 곰은 초코차 먹보입니다. 어느 날 초코가루를 사러 가는 길에 마음에 위로가 필요한 동물들을 만나 포근히 안아줍니다. 그런데 늦게 도착한 상점은 문이 닫혔습니다. 시무룩하게 앉아 있는 곰은 문소리를 듣습니다. 길에서 만났던 친구들이 초코가루를 가져 왔고 달콤한 초코차를 나누어 마십니다.

🔍 문해력이 자라는 시간

1. 표지 보며 이야기 상상하기

그림(제목 숨기고)
무엇이 보이니? 곰은 무엇을 하고 있을까?
컵에서는 왜 하얀 연기가 나올까? 곰은 왜 눈을 감고 있을까?

곰의 표정을 보니 곰의 기분은 어때 보이니?
나도 이런 표정을 지은 적이 있을까?

제목
초코가루를 누가 왜 사러 갈까?
곰은 초코가루를 어디에서 살 수 있을까?
초코가루를 사러 가는 곰의 마음은 어떨까?
초코가루를 사러 가는 길에 어떤 일이 생길까?
최근에 나도 물건을 사러 간 적이 있을까?
나는 무엇을 살 때 가장 좋을까?

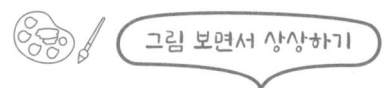

곰, 컵, 연기가 보여요. 곰이 커피를 마시는 것 같아요. 뜨거워서 컵에서 수증기가 나와요. 곰은 눈을 감고 냄새를 느끼고 있어요. 이 건 무슨 맛일지 생각하고 있어요. 곰은 좋아하는 차를 먹어서 편안한 것 같아요. 나는 엄마가 마시는 커피 냄새 맡을 때 이런 표정이에요.

> 제목 보면서 상상하기

곰이 겨울이라서 따뜻한 걸 먹고 싶어서 곰마트로 초코가루를 사러 가요. 곰이 좋아하는 것을 사러 가니까 기대되고 설레는 마음이 들어요. 어떤 초코가루가 있을지 궁금한 마음도 들어요. 초코가루를 사러 갔는데 곰마트가 문을 닫아서 토끼마트로 가서 사와요. 나는 어제 편의점에서 할머니와 껌을 샀어요. 나는 장난감 사러 갈 때가 제일 좋아요.

2. 어휘력 쑥쑥

모르는 낱말 2~3개 찾기 - 사전 찾기 - 낱말 수첩에 적고 문장 만들기

예원이의 낱말 수첩

❶ 억울하다 : 아무 잘못 없이 불공평한 일을 당하여 속상하고 분하다
　　문장 : 아빠가 나를 믿지 않아 억울했다.

❷ 시무룩하다 : 마음에 못마땅하여 말없이 부루퉁해있다.
　　문장 : 아빠에 잔소리 때문에 시무룩해졌다.

3. 캐릭터 그리기

- 책 제목, 작가, 출판사 적기
- 주인공을 그리고 이름과 특징 적기
- 독서나무에 붙이기

4. '초코가루' VS '초코차' 공통점과 차이점 벤다이어그램

초코가루 / 초코차

- 가루가 날린다
- 고체이다
- 물이 없다

- 초코이다
- 먹을 수 있다
- 달다

- 물이 흐른다
- 액체이다
- 물이 있다

5. 6하 원칙에 맞게 이야기 바꿔 쓰기 (**를 사러 가는 길에)

- 언제일까? 크리스마스
- 어디에 있을까? 장난감 가게
- 누가 나올까? 아빠, 나
- 무엇을 할까? 장난감이 다 팔렸다
- 어떻게 될까? 장난감을 만들었다
- 왜 그렇게 될까? 하나뿐인 장난감

장난감 사러 가는 길에

크리스마스에 장난감을 사러 가고 있었다. 아빠는 장난감 가게 주인이었다. 그런데 장난감이 다 팔렸다. 아빠와 나는 장난감 창고에서 하나뿐인 장난감을 만들었다.

초코가루를 사러가는길에
① 억울하다 : 아무 잘못없이 불공평한 일을 당하여 속상하고 분하다.
아빠가 나를 믿지않아 억울했다.

② 시무룩하다 : 마음에 못마땅하여 말없이 부루퉁해 있다.
아빠에 잔소리 때문에 시무룩해졌다

4. '초코가루' VS '초코차' 공통점과 차이점 벤다이어그램

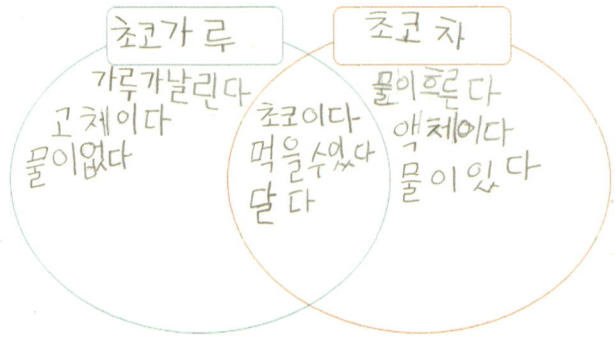

초코가루
가루가날린다
고체이다
물이없다

초코이다
먹을수있다
달다

초코차
물이흐른다
액체이다
물이있다

5. 6하 원칙에 맞게 이야기 바꿔 쓰기 (장난감 사러 가는 길에)

- 언제일까? 크리스마스
- 어디에 있을까? 장난감가게
- 누가 나올까? 아빠, 나
- 무엇을 할까? 장난감이 다팔렸다
- 어떻게 될까? 장난감을 만들었다
- 왜 그렇게 될까? 하나뿐인 장난감

이야기 연결해서 쓰기
크리스마스에 장난감을 사러가고 있다. 아빠는 장난감 가게 주인 이었다. 그런데 장난감이 다 팔렸다. 아빠와 나는 장난감 창고에서 하나뿐인 장난감을 만들었다.

 슬로리딩 놀이

놀이❶ 무엇이든 안아주기

책에 곰이 안아준 것들을 보고 무엇이든 안아주기 놀이를 해보세요.
- 곰처럼 소파, 숟가락, 나무 안아주기
- 나를 안아주는 느낌과 내가 안으면서 드는 느낌 이야기 나누기
- 안아주고 싶은 것을 찾아 추가로 더 안아주기

놀이❷ 무엇이든 안아주는 곰 그리기

곰이 누군가 혹은 무언가를 안아주는 그림을 그려보세요.
- 곰의 집과 숲을 살펴보고 곰이 또 안아주었을 것 같은 것들 찾기
- 곰이 무엇 혹은 누구를 안아주는 그림 그리기
- 내가 안아주고 싶은 것도 그리기

놀이❸ 꼭 안아주기 역할극

그림책 속 주인공이 되어 역할 놀이를 즐겨보세요.
- 곰, 여우, 돼지, 토끼, 추가 역할 정하기
- 동물들의 대사는 책에 있는 그대로 하거나 바꿔 해도 됨
- 동물 가면, 지팡이, 바구니 등의 소품을 활용하면 더 좋음

놀이❹ 초코가루 사러 가기

초코차 먹보 곰처럼 초코차를 만들어보세요.
- 집 가까운 곳에서 초코가루를 살 수 있는 곳 찾기
- 사러 가는 길에 안아주고 싶은 것 있다면 안아주기
- 집에 오면서 초코가루를 사오는 기분에 대해 이야기 나누기

놀이⑤ 초코가루 활용 음식 만들기

초코가루를 사용하여 다양한 음식을 만들어보세요.

- 따뜻한 물에 초코가루를 녹여 초코차 마시기
- 초코가루를 활용한 다른 음식을 생각하거나 찾기
- 과자 혹은 빵 위에 초코가루를 뿌려서 먹거나 코코아 브라우니 검색하여 추가재료를 준비하여 만들 수도 있음

놀이⑥ 초코가루 통 재활용하기

곰의 벽난로 위에 초코가루 통을 연필꽂이로 활용한 그림을 보고 초코가루통을 재활용해보세요.

- 초코가루 통을 어떻게 활용하면 좋을지 아이디어 떠올리기
- 추가 재료가 필요하다면 준비하여 재활용품 만들기
- 초코가루통을 재활용하여 사용하는 소감 나누기

놀이❼ 초코차 나눔

책 속 동물들이 함께 모여 초코차를 마시는 장면을 보고 초코차를 나눠 보세요.

- 보온병에 초코차 한 통 준비하기
- 주변 상가나 놀이터에 있는 분에게 초코차 나눔 하기
- 초코차 나눔을 마치고 소감 나누기

놀이 동영상

부록

활동 ❶ 표지 보며 질문 만들고 이야기 상상하기

그림 (제목 숨기고) **질문 만들기**

제목 질문 만들기

표지 보면서 상상한 나의 이야기

활동 ❷ 어휘력 쑥쑥

_____의 낱말 수첩

❶ 낱말
   뜻

   문장

❷ 낱말
   뜻

   문장

❸ 낱말
   뜻

   문장

활동 ❸ 캐릭터 그리기

책 제목, 작가, 출판사   주인공의 이름, 특징

활동 ❹ 공통점과 차이점 벤다이어그램

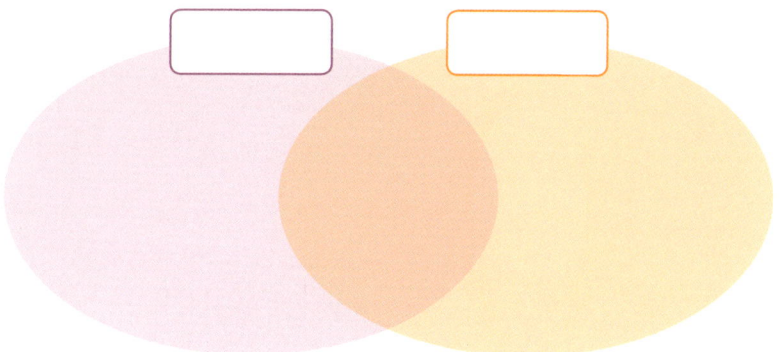

활동 ⑤ 6하 원칙에 맞게 이야기 바꿔 쓰기

제목

❶ 언제일까?
❷ 어디에 있을까?
❸ 누가 나올까?
❹ 무엇을 할까?
❺ 어떻게 될까?
❻ 왜 그렇게 될까?

이야기 연결해서 쓰기